O CORPO EM OFF

Cristina Surani Mora Capobianco

O CORPO EM OFF

A doença e as práticas *psi* na pediatria hospitalar

Prefácio de
Regina Benevides de Barros

Estação Liberdade

Copyright © Cristina Surani Mora Capobianco, 2003

Revisão	Marise Leal, Marcelo Rondinelli e Nair H. Kayo
Preparação	Tulio Kawata
Assistência editorial	Maísa Kawata e Flavia Moino
Composição e diagramação	Wildiney Di Masi
Capa	Nuno Bittencourt / Letra & Imagem
Fotografia da capa	Luana Capobianco
Editor	Angel Bojadsen

Dados Internacionais de Catalogação na Publicação (CIP)
(Câmara Brasileira do Livro, SP, Brasil)

Capobianco, Cristina Surani Mora
  O corpo em *off* : a doença e as práticas *psi* na pediatria hospitalar / Cristina Surani Mora Capobianco. — São Paulo : Estação Liberdade, 2003.

  Bibliografia.
  ISBN 85-7448-024-X

  1. Crianças — Doenças 2. Crianças doentes — Psicologia 3. Hospitais — Serviços de pediatria 4. Pediatria — Aspectos psicossomáticos 5. Psicologia patológica infantil I. Título.

00-2095   CDD-362.1989200019

Índice para catálogo sistemático:
1. Hospitais : Serviços de pediatria : Aspectos psicológicos 362.1989200019

Todos os direitos reservados à
Editora Estação Liberdade Ltda.
Rua Dona Elisa, 116   01155-030   São Paulo-SP
Tel.: (11) 3661 2881   Fax: (11) 3825 4239
e-mail: editora@estacaoliberdade.com.br
http://www.estacaoliberdade.com.br

À memória no corpo de Emílio Surani

Agradeço a todos aqueles que me ajudaram a trilhar novos caminhos.

C. S. M. C.

NOTA DO EDITOR

Esta obra foi ligeiramente adaptada da dissertação de mestrado defendida por Cristina Surani Mora Capobianco na Pontifícia Universidade Católica de São Paulo sob o título *O corpo em* off — *A doença orgânica na criança e as práticas* psi *em pediatria no hospital geral.*

SUMÁRIO

PRÉFÁCIO 19

INTRODUÇÃO 25
O DESENHO DE UM TRABALHO PSI NO DEPARTAMENTO DE
PEDIATRIA NO HOSPITAL GERAL

SITUAÇÃO CLÍNICA 1 43
FRANCISCO, ANTÔNIA E A QUESTÃO DA APRENDIZAGEM

CAPÍTULO I 53
O CORPO NO HOSPITAL: CORPO ORGÂNICO E CORPO DISCIPLINADO

1. O HOSPITAL COMO LUGAR DE CUIDADOS DO "CORPO DOENTE" 55
2. A TECNOLOGIA POLÍTICA DO CORPO 63
3. A FAMÍLIA E A DISCIPLINARIZAÇÃO DO CORPO 74
4. A CONSTITUIÇÃO DA ESCOLA COMO INSTÂNCIA DE DISCIPLINARIZAÇÃO 78
5. A MODELIZAÇÃO DAS DISCIPLINAS FAMILIARES PELA INSTITUIÇÃO ESCOLAR 83
6. A INSTITUIÇÃO MÉDICA E A CONSTRUÇÃO DAS DISCIPLINAS FAMILIARES 86

SITUAÇÃO CLÍNICA 2   91
SOBRE PROTOCOLOS DE PESQUISA E TRATAMENTOS

CAPÍTULO II   99
O OLHAR DA PSICANÁLISE: OS SENTIDOS NO CORPO SEXUAL

1. INTRODUÇÃO   101
2. FREUD E A RUPTURA PSICANALÍTICA   111
3. PSICANÁLISE E SABER MÉDICO   116
4. ABORDAGENS PSICOSSOMÁTICAS DA DOENÇA   119
   a) Surgimento da psicossomática   119
   b) Medicina psicossomática   120
   c) Psicossomática psicanalítica   122
       Os transtornos psicossomáticos na infância segundo Békei   127
       A proposta psicossomática psicanalítica de Liberman et al.   132
       Raimbault: a doença como reveladora de uma dinâmica preexistente   137
5. ALGUNS QUESTIONAMENTOS   139

SITUAÇÃO CLÍNICA 3   143
A NECESSIDADE DE MANTER OS CORPOS EM SILÊNCIO:
BRINQUEDOS QUE ATRAPALHAM

CAPÍTULO III   155
O TRABALHO DOS PSIS NO ESTABELECIMENTO HOSPITALAR

1. A ENTRADA DOS PSIS NO HOSPITAL   157
2. O TRABALHO DOS PSIS NO HOSPITAL GERAL: RELATO DE EXPERIÊNCIAS   161
   a) Trabalho com crianças portadoras de neoplasias   162
   b) Acompanhamento de crianças portadoras de doenças crônicas   167

c) Trabalho no ambulatório do Serviço de Higiene Mental 168

d) Hospital Humberto I — Projeto Mãe-Participante: do hospitalismo aos efeitos da hospitalização 170

e) Trabalho realizado no Ambulatório de Pediatria do Hospital Humberto I 176

3. AS PRÁTICAS DO TRABALHO DOS PSIS NO HOSPITAL 178

a) Sobre as formas de atendimento 178

b) A interconsulta médico-psicológica 184

4. SOBRE A HISTÓRIA DO PSICÓLOGO HOSPITALAR NO BRASIL 188

SITUAÇÃO CLÍNICA 4 193
"EL ESPÍRITU DE LA ESCALERA"

CAPÍTULO IV 205
DESLOCAMENTOS E DISPOSITIVOS

1. A QUESTÃO DO ESPECIALISMO: MULTIDISCIPLINARIDADE E CLÍNICA TRANSDISCIPLINAR. EM OFF, O QUE ESCAPA 207

2. ARTE, SUBJETIVIDADE E CLÍNICA 215

a) Arte/clínica 215

b) Comida/clínica 222

SITUAÇÃO CLÍNICA 5 229
"OS IRMÃOS METRALHA"

SITUAÇÃO CLÍNICA 6 237
OS BRINQUEDOS DO PLAYGROUND

BIBLIOGRAFIA 241

Episódio relatado por uma mãe, ocorrido no ambulatório no ano de 1995

Em uma reunião com a equipe multidisciplinar da enfermaria, enquanto seu filho estava internado, a sra. V., mãe de F., que sofria de atresia das vias biliares, relatou uma experiência acontecida no ambulatório antes de seu filho ser hospitalizado. Durante uma consulta no ambulatório, o médico especialista estagiário que atendia F. precisou sair da sala. Após uns quinze minutos ele retornou, olhou para ela e perguntou: "Quem está atendendo a senhora?" "O senhor", respondeu V. "Não, a senhora está enganada, não fui eu que a atendi." "Mas, doutor, essa é a sua letra e foi o senhor que anotou os dados do meu filho aí nessa ficha."

PREFÁCIO

Urgência e suavidade, foco e ampliação, clínica e arte... misturas que exigem habilidade, competência, sensibilidade. Como lidar com o sofrimento de crianças portadoras de doença orgânica que fazem acompanhamento em hospitais? Como lidar com demandas produzidas pela escola, pela família, pela medicina, que sobre o corpo da criança investem cuidados, expectativas, limites?

A abordagem pode ser técnica. Aliás, isso é o exigido... técnicas que promovam diagnóstico, terapia, reabilitação. As técnicas, bem sabemos, são armas do especialismo que, colocando em segundo plano outros saberes, outros olhares, legitimarão seu discurso, que profere a verdade sobre o corpo.

Que não se tome, entretanto, tal posição como valorização pré-tecnológica, avessa aos avanços e conquistas de pesquisas que tragam efetivamente melhor qualidade de vida. Trata-se, de fato, de uma crítica ao modo como tais saberes têm sido utilizados: para dominar, para desqualificar.

Como, então, escapar dos especialismos e criar modos de cuidar que tenham capacidade de incluir aquele que busca tratamento no ato mesmo de tratar-se? Como colocar o saber na adjacência de processos criadores de outros modos de existência? Como, no caso das doenças (Ou queixas? Ou sintomas?) orgânicas em crianças, trazer à cena o corpo em sua dimensão plural, este que sistematicamente é fragmentado pelo olhar do especialista?

É preciso ousar, arriscar-se. É preciso caminhar por outras searas, convocar outros afetos, escutar. É preciso, acima de tudo, colocar seu próprio saber, seu próprio especialismo, em análise. Isso, é claro, exige outra abordagem.

Tendo como foco principal as crianças que sofrem, Cristina Capobianco analisa o corpo que habita o discurso médico, os agenciamentos feitos com a família e a escola, fugindo de análises simplistas e reducionistas que localizam em um ou outro pólo a causa de todos os males. Mais ainda, ela avança quando também analisa as práticas *psi* recusando as saídas fáceis de se pôr no lugar de um especialista que olha os demais como possuidor de um trunfo a ser usado nos jogos de poder constituintes das redes de saber que se operam nos hospitais. Mas a contribuição principal de Cristina, neste livro que ora apresenta ao público, está na ousadia de tomar o ato clínico como "aquele que visa criar formas que facilitem processos de singularização".

As situações clínicas que ela apresenta são exemplos de seu espírito guerreiro e suave. Qual "mosca insistente" (Situação Clínica "*El espíritu de la escalera*"), em seu próprio dizer, Cristina afirma sua singularidade criando dispositivos na intercessão em favor da arte, da comida, das múltiplas expressões em que a vida pode se dar, procurando não deixar os "corpos em *off*".

A aposta é numa clínica que crie novos modos de existência, uma clínica que tome a técnica como inseparável da teoria que a sustenta, uma teoria inseparável da clínica que faz, uma clínica inseparável da política que institui.

Cristina busca interceder, reclama a necessidade de ampliar o olhar, de ousar pensar não apenas outras estratégias de intervenção em favor do paciente com "distúrbio psicossomático" em um hospital geral, como também práticas que se façam desinvestidas das perspectivas individualizantes e reducionistas do mundo *psi*. Aproxima-se da "clínica com crianças portadoras de doença orgânica", utilizando o dispositivo grupal e a arte como formas de intervenção que escapam de significações referenciadas na história biográfica e familiar para os sintomas da criança.

É preciso outra abordagem, mas é preciso criá-la. A escolha de Cristina é pelo traçado. (Re)traça a história dos saberes médicos, da instituição escola, da família e problematiza as práticas *psi*, mostrando de que modo acabou por se constituir uma "especialista do emocional" ou do "subjetivo". Aponta com agudez a incorporação dos modelos médicos de intervenção pelo profissional *psi*. Destaca de que modo o corpo se universaliza, se parcela, se organiza, até mesmo quando se toma, em tratamento, "o subjetivo".

Recusando-se a simplesmente "desempenhar bem o papel do psicólogo" ou a "debater-se com o poder médico" por um lugar reconhecido, uma identidade bem marcada, Cristina quer investigar os pontos que interromperam o processo de expansão da vida das crianças que chegam ao hospital portando graves doenças. Para isso, aciona o fazer artístico. Não para dar-lhe estatuto terapêutico, não para oferecer uma outra pedagogia, mas para evidenciar o traçado que a arte possibilita, outras formas de expressão, outras formas de vida. Não se trata de interpretar nada, não há oculto a ser revelado pela arte. Trata-se, sim, de libertar a vida onde ela estiver aprisionada.

Procurar novas figuras, experimentar outros traçados, ousar outras cores que configurem outros quadros. Criar uma surpresa onde tudo parecia tão previsível, desnaturalizar as práticas sacralizadas pelas Instituições, inventar territórios onde o estranho possa chegar, onde a diferença produza diferença, impulsionando os corpos a inscreverem-se em sua potência.

O corpo em off é um livro que convida o leitor ao percurso da constituição dos saberes, conclama questionamentos sobre os especialismos, apresenta polêmicas sobre os sentidos do corpo, força-nos a olhar com outras lentes a criança que sofre, convida-nos à invenção de dispositivos clínicos, embala-nos nas situações do cotidiano que misturam dor e alegria.

Que o leitor, ao lê-lo, não deixe seu corpo em *off*.

Prof[a] Dr[a] Regina Benevides de Barros
Depto. de Psicologia
Universidade Federal Fluminense

INTRODUÇÃO

O DESENHO DE UM TRABALHO
PSI NO DEPARTAMENTO DE
PEDIATRIA NO HOSPITAL GERAL

Nos últimos quinze anos, o trabalho em instituições hospitalares, especialmente nos serviços de pediatria, tem sido minha principal área de atuação profissional e meu principal foco de reflexão teórica. Trabalhar com o paciente, sua família e a equipe de saúde tem me provocado muitas inquietações e me levado a discutir alguns referenciais teóricos que tradicionalmente orientam o trabalho nesse campo.

As principais questões que me ocorrem diante de qualquer paciente são: Como adoeceu este corpo? De que sofre esta criança com o corpo doente? Como adoece o corpo? Como trato esta criança?

No início, via meu trabalho nos diferentes hospitais principalmente como uma contribuição de abordagem psicanalítica, com o intuito geral de "ajudar a criança e sua família a não se deixarem aprisionar pelo distúrbio orgânico".

Até alguns anos atrás, pensando que a psicanálise havia "descoberto o psíquico" ou, citando Clavreul (1978), que "a psicanálise tem mostrado que também se sofre daquilo que não se pode dizer", satisfazia-me em dirigir a escuta àquilo que não se podia dizer ou, ainda, pensava que entrando em contato com o indizível faria "regredir o sintoma". Em muitos casos, havia abundantes assuntos sobre os quais os membros da família do doente não podiam ou não se atreviam a falar, e dos quais não eram "conscientes". Isto é, tudo parecia apontar para uma certa dinâmica familiar condensada no distúrbio orgânico.

Durante a minha formação, fundamentalmente psicanalítica, havia aprendido que certas organizações mentais — por exemplo, os sintomas somáticos — se caracterizavam como sendo de difícil acesso e, portanto, necessitavam de uma ajuda especializada. A especialização exigia o domínio de técnicas de diagnóstico e tratamento, incluindo a realização de sessões lúdicas[1] e a aplicação de testes projetivos[2], levando em conta a relação vivida entre o psicólogo, a criança e a família; é o que se costuma chamar de transferência. A interpretação era meu instrumento fundamental para lidar com as fantasias inconscientes expressas nos testes projetivos e no brincar da criança. Eu tentava decifrar o sentido inconsciente daquilo que a criança me apresentava e que lhe causava ansiedade e preocupação. Interpretando com palavras o material gráfico, pretendia ajudar a criança a entrar em contato com os conteúdos inconscientes que a perturbavam e que freqüentemente ganhavam voz por meio de sintomas corporais; aliviando a ansiedade da criança, eu a ajudaria a se desenvolver.

À medida que me aprofundava na aprendizagem de técnicas, aventurei-me a utilizar técnicas mais "livres", como a argila, desenhos livres, tintas, etc., que, segundo Dolto (1984), são meios de expressão espontânea para muitas crianças. Dolto enfatiza a necessidade de a criança comentar sua produção, isto é,

---

1. Melanie Klein, uma das pioneiras no trabalho psicanalítico com crianças, ressaltou a importância da fantasia inconsciente que, nas crianças, se exprime por meio da brincadeira. Utilizou brinquedos no seu trabalho e desenvolveu o que se costuma chamar de *técnica ludoterápica*.
2. Elsa G. de Piccolo, psicanalista argentina, define testes projetivos como estímulos de estruturação ambígua, ou de formas muito definidas mas pouco usuais, que têm por objetivo mobilizar e reeditar aspectos variados da vida emocional do paciente. Segundo ela, o psicólogo observa nas respostas a capacidade de o indivíduo dar forma, organização e sentido emocional ao que o estímulo representa: "cada produção projetiva é uma criação que expressa o modo pessoal de estabelecer contato com a realidade interna e externa, dentro de uma situação vincular ampla, dada pela situação projetiva, ou de uma situação vincular específica, configurada pela lâmina ou 'consigna' (a ordem que recebeu) com a qual está ligado em cada momento do processo" (1984:34).

falar ou fazer associações a respeito daquilo que havia desenhado, pintado ou modelado. Ela afirma que a criança gosta de

> "contar" aquilo que suas mãos traduziram de seus fantasmas, verbalizando, assim, o que desenharam e modelaram, a quem as escuta (1984:1).

Dirigia, então, meu olhar às produções das crianças, seus desenhos, pinturas, modelagens, etc., e a minha atenção às associações sobre suas composições, pretendendo decodificar, a partir dos dizeres das crianças, os fantasmas que ganhavam formas gráficas e plásticas. Para Dolto, a criança representa na composição livre a imagem do corpo; sua fala associativa atualiza e articula os conflitos inconscientes. O analista decodifica essa imagem do corpo representada graças às associações da criança. Dolto esclarece:

> A imagem do corpo não é a imagem que é desenhada ali, ou representada na modelagem; ela está por ser revelada pelo diálogo analítico com a criança (1984:9).

Desse ponto de vista, Dolto salienta que a função da palavra é fundamental, tanto por ser ela que desfará o nó do conflito quanto pelo fato de que será recebida por quem a escuta; é dessa forma que a palavra poderá permear os acontecimentos da história pessoal da criança.

A tarefa a que me propunha era a de decodificar aquilo que se apresentava de forma inconsciente no desenho, que o traço ilustrava e as palavras iluminavam, a partir de uma teoria psicanalítica. A explicitação dos diferentes fantasmas me remetia sempre a um drama familiar.

Entretanto, era justamente essa decodificação, ou melhor, o código no qual se baseava a maior parte das práticas *psi* para decifrar tais mensagens, que tinha um resultado, no mínimo, incômodo. Haveria um código tão universal, que supostamente pudéssemos aplicar, por exemplo, independentemente de raça, cultura, classe socioeconômica? E, mesmo mantendo tais condições de variabilidade mais ou menos estáveis, haveria ainda algo de universal que restasse como código decifrador? Os trechos de Dolto citados trazem algumas outras questões que merecem reflexão. Acredito que, aqui, a autora afirma seu pensamento em contraposição a outro comumente encontrado no campo psicanalítico.

Dolto afirma que o desenho ou a modelagem produzida pela criança não basta para que seja possível a decodificação ou a interpretação do analista. É preciso que a criança "conte" aquilo que suas mãos fizeram, ou seja, que ela faça associações livremente utilizando as palavras. Nesse sentido, ela está se diferenciando da postura do analista que interpreta o desenho como projeção de um "mundo interno" infantil.

Esse modelo de interpretação se baseava na decodificação da produção gráfica ou plástica da criança usando como referência o "código" psicanalítico. No modelo em questão, há um sentido a ser encontrado no desenho a partir de um parâmetro já dado. Para Dolto, esse sentido a ser decodificado não estaria pronto *a priori*, mas seria construído junto com o analista, que desenvolveria um trabalho de decifração da produção a partir dos dizeres da criança.

Dessa forma, o que se afirma é que há uma comunicação verbal intermediadora necessária a uma elaboração. Haveria então dois textos: um gráfico ou plástico, e um outro, que transcenderia este, ou seja, o verbal, o da representação. Apesar de este não acontecer *a priori*, seria necessário aceder a ele para que ocorresse uma transformação na subjetividade da criança.

Ora, se a arte possui um caráter e uma estrutura simbólica específica, diferente da linguagem verbal, seria possível analisá-la ou decodificá-la por intermédio desta linguagem? Não se incorreria no risco da submissão de uma produção a outra, perdendo-se assim a riqueza de cada uma? A linguagem verbal, desse ponto de vista, aparece como uma forma que expressaria a verdadeira essência ou natureza "presa", por assim dizer, na produção gráfica ou plástica da criança.

Ainda que muitos *psis* não se reconheçam nas práticas e influências teóricas, o que se observa é que pouco se tem inovado em um outro tipo de análise das relações doença orgânica-prática médica-trabalho *psi* em hospital. Discutirei algumas publicações recentes sobre esse assunto no Capítulo 3.

A prática psicoterapêutica que desenvolvi ao longo dos anos com esses pacientes sempre incluiu os pais no processo. Em geral, conhecia a criança num primeiro momento pelas palavras dos pais; a irrupção de uma doença evocava freqüentemente o sentimento de fracasso e culpa nos cuidados com a criança, o medo da morte, ilusões perdidas, ocasionando mudanças drásticas em sua rotina. Recebia as crianças marcadas por expectativas, desejos e frustrações já presentes nos pais antes do seu nascimento. Levar em conta a dinâmica familiar revelada pela doença e pelo tratamento era importante para criar novos modos de existência a partir do acontecimento-doença.

Por outro lado, observando e escutando a relação médico-paciente, freqüentemente me incomodava perceber como qualquer saber que o paciente esboçava a respeito da doença era desqualificado pelo médico, por não se enquadrar em suas teorias médico-científicas. A justificativa para essa atitude é a necessidade de garantir, por parte do paciente e de seu responsável, a aceitação, implementação e continuação do tratamento prescrito. Instaura-se um funcionamento dicotômico em que o paciente é posto no lugar daquele que não sabe, enquanto o médico ocupa o lugar do que sabe.

Destaque-se, ainda, que no hospital público universitário — onde adquiri a maior parte da minha experiência —, o paciente é ainda mais desapropriado do seu corpo e das percepções que tem dele. O "saber científico" é onisciente, e o saber do paciente e da família é freqüentemente desconsiderado. Perguntava-me se essa postura "propiciava" saúde, pois o fato de serem negadas repetidamente as próprias percepções do paciente me fazia pensar num processo de "psicotização".[3] Por outro lado, o saber fragmentado nas

---

3. Tomo aqui a psicotização no sentido de um processo no qual a pessoa se aliena ou deve manter cindidas da consciência as percepções. O fato de negar, desconfirmar, ou não reconhecer a experiência do outro, mesmo que de forma sutil mas persistente — dessa forma, invalidando-a —, poderia

diversas especialidades médicas acabou por fazer aparecer um "interesse por trabalhos multiprofissionais ou multidisciplinares". Surgiu, assim, o pedido por "interconsultas". É nesse momento que os profissionais *psi* são chamados para intervir no "aspecto emocional". Poucos especialistas se atrevem a falar sobre as emoções, pois o campo tão pouco objetivo do aspecto psicológico não garante nenhum saber "consistente" a respeito do paciente.

Vale a pena salientar que a atitude do discurso médico de excluir o "subjetivo", a emocionalidade do adoecer, por não se ajustar aos "parâmetros da ciência", tem levado, nos últimos anos, a reflexões que denotam uma crescente preocupação com essa prática, no próprio campo da medicina.

António Damásio (1996), neurologista português radicado nos Estados Unidos, confirma a tendência no meio médico em "proteger" a razão, ou o raciocínio médico-científico, da "manipulação" das emoções. Caso contrário, o profissional "corre o risco" de se envolver a tal ponto com o paciente que não poderá exercer seu raciocínio no processo de planejamento e decisão sobre o tratamento. Para Damásio,

> um maior conhecimento da fisiologia da emoção e da sensação pode tornar-nos mais conscientes das armadilhas da observação científica (1996:277).

O autor alerta para a necessidade de desvendar a complexa maquinaria biológica e sociocultural das emoções.

Ele invoca a famosa frase de Descartes, "Penso, logo existo", para chamar a atenção para a maneira como se constituiu uma forma de pensar acerca do corpo, do cérebro e da mente, que continua a influenciar a medicina ocidental. Para Damásio, a vertente dualista, segundo a qual mente e corpo funcionam separadamente, dá a entender que o pensar e a consciência poderiam ser os "verdadeiros substratos do existir" (1996:279).

---

levar o indivíduo a um processo de esquizofrenização. Em Laing, R. D. *Self and Others*. Londres: Pelican Books, 1977.

Como conseqüência, ele constata que uma variante moderna da divisão cartesiana é a noção de mente como sendo o *software* da parte do *hardware* chamada cérebro; ou ainda, que cérebro e corpo estão relacionados, pois o primeiro não pode funcionar sem a manutenção que o segundo lhe oferece. Damásio salienta

> que a compreensão cabal da mente requer a adoção de uma perspectiva do organismo; que não só a mente tem de passar de um *cogitum* não físico para o domínio do tecido biológico, como deve também ser relacionada com todo o organismo que possui cérebro e corpo integrados e que se encontra plenamente interativo com um meio ambiente físico e social (1996:282).

O existir é anterior ao pensar, segundo Damásio, e só pensamos na medida em que existimos.

A necessidade de levar em conta a complexidade do funcionamento do ser humano é fundamental. Por exemplo, na neurologia ele constata que são os genes que especificam as redes dos circuitos nos cérebros, mas que todos os circuitos não se desenvolvem ativamente nem funcionam de acordo com o estabelecido nos genes:

> Uma grande parte das redes de circuitos do cérebro, em qualquer momento da vida adulta, é individual e única, refletindo fielmente a história e as circunstâncias daquele organismo em particular (idem: 292).

Para o neurologista, a mente e o ser humano funcionam em conjunto com outros seres que vivem em ambientes culturais e físicos específicos, também determinando o funcionamento dos circuitos do cérebro. Nesse sentido, considerar o contexto social e cultural é fundamental para compreender satisfatoriamente como o cérebro cria a mente e o comportamento humano.

Um outro neurologista, cuja obra tem sido muito difundida, alcançando até o público leigo, é Oliver Sacks. Alguns de seus artigos têm sido publicados em revistas altamente especializadas, como *Lancet,* o periódico semanal de medicina britânico, e um de seus livros foi adaptado para o cinema. Sacks aponta para o fato de que a medicina moderna, ao contrário da clássica, tem dado ênfase maior aos aspectos tecnológicos, alcançando grandes avanços por um lado, mas, por outro, levando a uma

> regressão intelectual e a uma falta de atenção adequada às necessidades integrais dos pacientes e aos seus sentimentos. (1995, p. XVIII).

De acordo com o autor, toda doença deve ser considerada na sua complexidade; as visões parciais e reducionistas do exterior acabam naturalizando características da doença, dando-nos a ilusão de que a conhecemos. Para visitar as fronteiras distantes da experiência humana, o autor defende a necessidade de ver o mundo com os olhos do doente, mergulhar na realidade do paciente.

A obra de Sacks é uma tentativa de ampliar o conceito de normatividade, estimulando a diversidade. Nessa perspectiva, apesar da devastação provocada por uma doença, a adaptação segue caminhos diferentes para cada pessoa, revelando potenciais latentes, jamais imaginados nos pacientes,

> já que, se por um lado destroem [as doenças ou distúrbios de desenvolvimento] caminhos precisos, certas maneiras de executarmos coisas, podem, por outro, forçar o sistema nervoso a buscar caminhos e maneiras diferentes, forçá-lo a um inesperado crescimento e evolução. Esse outro lado do desenvolvimento ou da doença é o que vejo, potencialmente, em quase todo paciente (1995:16).

O que se constata é a impossibilidade dos médicos de verem os outros componentes da doença, sejam eles orgânicos, emocionais, sociais, culturais.

É dessa forma que os *psis* entram no hospital, marcando fundamentalmente, nesse sentido, o seu campo de atuação.

Mantidos por essa lógica dos saberes especializados, os *psis* passam a ser vistos também como detentores de um certo saber que será requisitado ora como "auxiliar" no processo diagnóstico, ora como "intermediador" entre o médico e o paciente e/ou a família. Muitas vezes ainda, os *psis* serão requisitados para responder por um certo "oculto, indizível" do paciente, ao qual o médico não tem acesso "porque não lida com fatores tão pouco objetivos".

Dessa maneira, o que vai se criando no campo multidisciplinar da saúde é uma espécie de "novo órgão" — o psicológico, sobre o qual um outro especialista falará: o psicólogo e/ou o psicanalista.

Assim, observamos muitas vezes, nas equipes, que a negação das "percepções subjetivas" por parte de alguns especialistas se vê reforçada, já que outros passaram a se dedicar ao estudo desse assunto. Novos domínios, novas relações de poder, novas obstruções, novas liberações.

Michel Foucault já nos alertou para o aspecto político do saber. Cada novo território de saber implica o exercício de um poder que, ao mesmo tempo, obstrui certos fluxos e libera outros. Meu interesse é analisar o que produz, no contexto do hospital geral, o chamado trabalho multiprofissional para o qual o psicólogo é convocado a contribuir. Interessa-nos, mais ainda, pensar que corpo habita o discurso médico e que agenciamentos são feitos com a família e a escola quando se trata de corpo infantil. Para tanto, percorrerei, no Capítulo 1, a constituição histórica de alguns saberes que, no seu entrecruzamento, produzem o corpo orgânico, disciplinado como objeto de investigação e intervenção.

Ainda hoje, o que se pode observar nas "reuniões de equipes multiprofissionais"[4], assim como nos "grupos de acompanhantes

---

4. As reuniões de equipes multiprofissionais consistem em encontros nos quais participam diversas categorias de profissionais com o intuito de integrar as diversas práticas existentes no hospital, como, por exemplo, nutrição, assistência social, psicologia, medicina, enfermagem. Pretende-se, com essas reuniões, que os profissionais se informem sobre os vários aspectos do paciente, evitando uma abordagem exclusivamente médica, ou psicológica, ou nutricional, etc.

de crianças"[5] é uma hegemonia do discurso médico ativamente soterrando saberes outros sobre o "corpo doente".

Poder aprender quais forças estiveram presentes na passagem de uma medicina do Estado para uma medicina social e de que modo a população se torna, em um primeiro momento, seu objeto de interesse, é fundamental para traçarmos a gênese da constituição do saber médico, como também do corpo ao qual tal saber é endereçado. Por outro lado, é importante que se viabilizem as alianças de um tal saber médico com a família moderna e a instituição escolar, na configuração de um tripé sustentador desse "corpo disciplinado".

Nas entrevistas realizadas com as crianças e suas famílias não raramente há queixas sobre a vida escolar: "não passa de ano, não aprende nada, não gosta de estudar, não se interessa pelo estudo, etc.". Há, freqüentemente, um sentimento de insatisfação por parte dos pais, em relação à criança, no que diz respeito à sua aprendizagem, à sua saúde.

Dessa forma, é por meio de um distúrbio orgânico que a criança é encaminhada para um "estudo psicológico". O que busco, neste primeiro momento, é a ampliação desse olhar sobre a criança e sua família. A preocupação da família, em grande parte, é que a criança esteja adaptada à escola. Essa adaptação significa, na maior parte das vezes, que passe de ano, que tire boas notas, que seja disciplinada. É isso que se exige na escola; é disso que a professora se queixa. Em alguns casos, ainda, as queixas voltam-se para um comportamento apático da criança: "ela não rende, não se integra com os colegas". Observe-se que, mesmo aí, o padrão pretendido é um enquadramento aos preceitos normativos da escola. A inexistência de queixas por parte da professora significa que a criança está tirando boas notas, passando de ano, e que se relaciona bem com os amigos,

---

5. As reuniões dos grupos de acompanhantes consistem em encontros, com freqüência que varia de hospital para hospital, de acompanhantes de crianças internadas na enfermaria de pediatria com membros da equipe de saúde. A finalidade dessas reuniões é permitir que o acompanhante expresse suas dúvidas, preocupações, fantasias e reclamações em relação ao adoecer e ao tratamento da criança. Esses encontros tiveram sua origem a partir da possibilidade de permanência dos familiares na enfermaria.

isto é, não briga, não é indisciplinada. McDougall, citada por Békei (1984), descreve esse tipo de sintoma como "sobreadaptação", isto é, um bom aluno, obediente, dócil e extremamente submetido à vontade dos outros. É com freqüência que se percebe que esse tipo de criança é muito "contida" e a miúde chega ao setor de psicologia com constipação crônica, gastrite, úlcera duodenal, etc.

Que subjetividade é promovida com esse tipo de orientação escolar? O que é chamado de "dificuldade de aprendizagem", nesses casos, não seria também uma resistência a se adaptar a normas estabelecidas como naturais? Não poderia ser vista, nesse caso, ao contrário do que diz a escola, entre outros olhares, como uma atividade da criança, em vez de passividade?

> Pesquisadores, pensadores e artistas têm colocado, neste sentido, que a escola, em vez de desenvolver a aprendizagem criativa e formar indivíduos capazes de conquistar a cidadania, tem contribuído para produzir pessoas infantilizadas, alienadas, submissas que, de uma forma ou de outra, quando "adultas", vão alimentar o círculo do autoritarismo. São recorrentes as denúncias de uma pedagogia autoritária, que culpabiliza, robotiza e neurotiza. Fala-se que esta reprodução se dá no dia-a-dia na sala de aula. O ritual pedagógico é colocado como um dos fatores responsáveis pela produção das dificuldades de aprendizagem e pelo distanciamento e mesmo pela exclusão dos alunos das camadas populares do sistema escolar (Maciel, 1995:17).

Mas a forma como a instituição escolar lida com o aluno implica também a produção de um corpo adestrado. De acordo com Maciel, na escola, o controle do corpo se faz de forma sutil,

> através da caracterização do aluno ideal: o tempo todo sentado, de preferência sem conversar com o colega e fazendo todas as tarefas que o seu lobo mandar (1995:122).

Por outro lado, chamou-me a atenção o fato de que as práticas dos profissionais *psi* em curso hoje nos hospitais estão apoiadas fundamentalmente em referenciais psicanalíticos sacralizados e, através do tempo, tornados modelos.

Tomemos algumas das contribuições teóricas fornecidas pela psicanálise para a abordagem do sintoma orgânico ou psicossomático. Os trabalhos de autores como Dolto, Békei, McDougall, Marty e outros têm me auxiliado a compreender a dinâmica freqüentemente presente nas famílias de pacientes com distúrbios psicossomáticos. Não obstante, o trabalho na prática com esses pacientes e suas famílias me suscita inúmeras questões a respeito das contribuições psicanalíticas e dos pressupostos nos quais se fundamentam. Ao destacar as falhas na simbolização dessas crianças não estaríamos dando prevalência às representações simbólicas na constituição da subjetividade, desqualificando, assim, outros componentes tão ou mais importantes? Preocupa-me o modo hegemônico com que certos profissionais *psi* lidam com as representações infantis e os efeitos que acabam se produzindo.

Um dos efeitos, por exemplo, se dá sobre o próprio analista, que, utilizando-se dos conceitos como referidos à estrutura do arcabouço de sua teoria, pouco se deixa tocar por aquilo que escapa à ordem do universal. Tais questões serão mais trabalhadas no Capítulo 2.

Mergulhar no campo da experimentação, onde os conceitos passam a ser aproximações provisórias, "ferramentas" a serem mobilizadas segundo os agenciamentos desse próprio campo, é tarefa decisiva para quem quer abandonar as "certezas" homogeneizantes dos especialistas:

> a boa maneira de ler, hoje, é chegar a um livro como se escuta um disco, como se olha um filme ou um programa de televisão, como se é tocado por uma canção [...] os conceitos são exatamente como sons, cores ou imagens, são intensidades que convêm a você ou não, que passam ou não passam.[6]

---

6. G. Deleuze, citado em Rodrigues, H. B. C. (Org.). *Grupos e instituições em análise*. Rio de Janeiro: Rosa dos Tempos, 1992. p. 107.

Pergunto-me sobre o que está em jogo em algumas produções teóricas psicanalíticas sobre o distúrbio orgânico na criança. Observo que os efeitos não são o de produzir, no paciente e na sua família, novas formas de existir, mas de o psicanalista acabar perpetuando um referencial teórico, um referendo de um campo específico de saber-poder.

Pude observar isso examinando alguns dos projetos de dissertação e de tese que estão sendo desenvolvidos, especialmente na área de interseção do *psi* e do médico. Eles incorporam, na prática e nos modelos de investigação, moldes positivistas: utilizando-se de uma metodologia médico-científica na qual se visa uma universalização dos aspectos subjetivos, perdem-se a complexidade biológica e as subjetividades singulares e regionais. A preocupação excessiva de obter dados mensuráveis — pois é dessa forma que se tornam palpáveis num olhar positivista — acaba amputando a riqueza do imensurável, com maior possibilidade de ser cartografado de outras formas.

Um corpo pode ser pensado em termos de representações universais independentes, por exemplo, da particularidade de seu meio social e de sua cultura? Quando tomamos certas representações de caráter estrutural como referenciais para lidar com uma criança, ou seja, tendo como alvo a simbolização de todas as suas experiências afetivas, podemos estar instituindo uma prática universal, imutável e tirânica.

Se o ato clínico tiver como objetivo criar formas que facilitem processos de singularização, outros caminhos serão delineados na relação com a criança com distúrbio orgânico. Levaremos em conta, então, as intensidades que escapam à ordem da representação.

O interesse da investigação se amplia, nesse caso, na problemática sobre a inserção dos *psis* na equipe multiprofissional no hospital. No mais das vezes, os *psis* são chamados para realizar interconsultas quando a equipe médica se vê impossibilitada de continuar o tratamento clínico, pois "surgem aspectos subjetivos do paciente, como emoções, afetos, resistência ao tratamento", etc., que dificultam o trabalho do médico. Freqüentemente, há um pedido explícito ou implícito na interconsulta para que os *psis* se encarreguem do paciente. Cria-se, assim, um especialismo *psi*, o qual deverá dar conta do aspecto subjetivo, que pela intensidade ou conteúdo inesperado e inadmissível se torna intolerável para a equipe médica.

Supõe-se que os tais profissionais se encarregarão do aspecto *psi* do paciente utilizando um referencial técnico, científico, ou conceitualizações teóricas para entendê-lo e tratá-lo. Meu propósito no Capítulo 3 é problematizar o trabalho do psicólogo ou psicanalista, que chamarei o trabalho dos *psis* no estabelecimento hospitalar, procurando acompanhar as ofertas e demandas que ele produz.

Por causa da sua formação e da sua inserção particular no hospital, já descritas anteriormente, os *psis* muitas vezes restringem suas atividades à análise do mundo psíquico do paciente e de sua família, como também à pesquisa dos efeitos do seu trabalho na criança e nos seus familiares.[7] Minha experiência me mostrou que analisar e intervir somente no psiquismo e na dinâmica familiar não é suficiente para tentar dar conta da multiplicidade de fatores que podem interferir para que determinados pais, mães e filhos se sintam engajados em conflitos que afetam a saúde da criança como um ser biológico, histórico e biográfico. O hospital, em muitos momentos, pode se converter em um lugar "iatrogênico", promovendo mais doença do que saúde, tanto nos pacientes quanto nos profissionais.

A falta de integração das equipes, a falta de trabalhos realizados em conjunto, a distância que geralmente separa a chefia e os funcionários, a impossibilidade de comunicação entre os membros, seja até por falta de linha telefônica, ou pela desvalorização dos trabalhos que não sejam da área médica, os conceitos e os "pré-conceitos" em relação à saúde, atravessam as relações e as atividades de saúde com o paciente.

---

7. Alguns trabalhos vêm sendo desenvolvidos na equipe de saúde que trabalha com os pacientes e seus familiares. Mesmo nesses casos, a escuta é dirigida aos efeitos psíquicos evocados nos membros da equipe pelo atendimento ao paciente doente e das relações entre os membros.

A prática terapêutica já não pode se restringir ao trabalho com os pacientes dentro dos consultórios, no laboratório, na sala de cirurgia, nos grupos de sala de espera. No dia-a-dia o encontro com a "crise" é freqüente: as condições de atendimento, as filas, a diferenciação ou a indiferença no tratamento dos guardas em relação a pacientes e funcionários; a hierarquia profissional que incapacita e paralisa em vez de estimular a criatividade dos membros da equipe; a falta de comunicação entre os membros das equipes, a distância entre os funcionários administrativos (recepcionistas, guardas) e os da equipe de saúde no que diz respeito à preocupação com a saúde do paciente; as incessantes determinações impostas de forma autoritária sem uma prévia discussão sobre sua viabilidade. São várias as situações que nem os pacientes nem os funcionários conseguem sintetizar.

O trabalho em relação ao "psíquico" denota que esse conceito é compreendido como "um dentro", uma interioridade, separado de "um fora", e que é possível tratar somente desse "dentro". Por outro lado, evidencia uma tendência a acreditar que o "psíquico" pertence a um domínio exclusivo da psicologia ou da psicanálise.

Meu trabalho tem se dirigido, sim, para o campo da subjetividade, que engloba tanto o paciente quanto sua família, assim como as diferentes instituições que se atualizam no seu acolhimento/tratamento. Com isso estou reafirmando a múltipla composição da subjetividade e ressaltando os vários componentes que se combinam, montando configurações que ora aparecem como sintomas do paciente, "dinâmica familiar", relações na equipe de saúde, mas que podem deslocar também o olhar-escuta *psi* ao cotidiano do hospital, analisando as atitudes dos membros da equipe de saúde e da instituição hospitalar que produzem indivíduos medrosos, alienados, submissos, impedidos de se apropriar do seu corpo e do tratamento, impedidos de se singularizar diante dos desafios e das vicissitudes da vida. Nesse deslocamento do olhar-escuta procuro, de um lado, analisar o efeito do meu trabalho com o paciente e sua família, no contexto hospitalar, e, de outro, criar espaços e momentos na rotina hospitalar para que se possa viver a complexidade da experiência do adoecer, que escapa à aplicação mecânica da tecnologia médica e da dos profissionais *psi*. Os acontecimentos que relato entre um capítulo e outro visam apresentar, a partir de situações inusitadas, os efeitos inéditos que algumas intervenções produziram.

Talvez um dos pontos mais fracos das situações aqui narradas seja a sensação que tenho de que elas seguem as linhas da impulsividade, faltando-lhes então o aspecto sistemático. Por outro lado, são intensas e ricas, levando meu corpo inteiro junto e me surpreendo com as ramificações de efeitos produzidas. Recorro às minhas lembranças para relatá-las, mas levo em conta aquilo que Sacks (1996) nos aponta quando cita Edelman, a respeito de sua concepção da memória:

> E já que a memória, como Edelman nos lembra, nunca é uma simples gravação (recording) ou reprodução, mas um processo ativo de recategorização — de reconstrução, de imaginação determinado pelos nossos valores e perspectivas —, o recordar tem me feito reinventar estas viagens, no sentido de construir um olhar pessoal, idiossincrático, talvez excêntrico destas ilhas, com informações adquiridas em parte por um romance de uma vida com ilhas e botânica das ilhas (1996: XIV).

Ao relatar essas experiências do cotidiano do hospital, que deixaram marcas no meu corpo, e ao inseri-las nos outros capítulos, reinvento-as, tentando transmitir o desconcerto que senti quando as vivi, e delas me aproveitei para inaugurar formas de intervenção que pudessem ampliar a clínica no contexto hospitalar. Lanço-as ao leitor esperando que o impulsionem a deslocar o olhar por outros contextos tradicionalmente excluídos do campo psicoterapêutico *stricto sensu*.

As considerações finais procuram levantar novas questões que possam apontar para uma clínica cuja aposta é a criação de novos modos de existência.

SITUAÇÃO CLÍNICA 1

FRANCISCO, ANTÔNIA E A QUESTÃO DA APRENDIZAGEM

Francisco fora encaminhado ao setor de psicogastro porque sofria de constipação intestinal crônica[1] havia algum tempo e não se obtinha sucesso com o tratamento clínico.[2] Francisco chegou ao consultório com sua mãe. Era um menino mulato escuro que aparentava uns 10 anos, muito tímido, bastante quieto e desengonçado. A mãe queixou-se do rendimento escolar do filho, e falou da constipação somente quando eu a mencionei. Ela falava baixo, mostrava-se muito dócil ao lugar profissional que eu ocupava, e demonstrava irritação em relação ao "atraso" de aprendizagem e aos sintomas da constipação de seu filho. Achava que ele não se esforçava o suficiente; que tanto as dificuldades escolares

---

1. A constipação intestinal crônica, de origem funcional, freqüentemente é diagnosticada pela perda fecal. A evacuação não acontece. O bolo fecal é retido no cólon, e a criança perde líquido e matéria fecal, que cheira mal e produz aquilo que a mãe em geral refere como "suja a cueca".

2. Uma vez diagnosticada a constipação crônica, o tratamento clínico seguido na gastropediatria consiste na administração de uma dose alta de laxante durante um período de tempo paralelamente a uma orientação nutricional reforçando a ingestão de fibras nas refeições. À medida que a criança começa a evacuar com maior freqüência fezes mais moles, o laxante é diminuído.

quanto as perdas fecais eram falta de "controle" ou desleixo do garoto. Francisco escutava a mãe e me observava.

Francisco tinha uma irmã mais nova que ia "muito bem" na escola, segundo a mãe; ela o estava "alcançando", inclusive, e a mãe temia que um dia os dois freqüentassem a mesma sala de aula. A mãe dizia que o menino não havia conseguido aprender a ler e escrever, e que também não ia bem em matemática. A mãe era doméstica e trabalhava como diarista numa casa de família; o pai era pedreiro e trabalhava como autônomo.

Durante a consulta, resolvi escrever uma carta à professora de Francisco. O contato com os professores tem se mostrado muito efetivo em vários casos. Um efeito comum é levar a professora a olhar a criança, destacando-a no grupo, e a pensar sobre as dificuldades dela; ao relatá-las, entrando em contato comigo, amiúde sinto que o trabalho ajuda a criança a vencer os obstáculos encontrados no processo de aprendizagem. Solicitei à professora uma avaliação informal sobre as dificuldades que ela percebia em Francisco e sobre seu relacionamento com os colegas.

Quando retornaram à consulta, quinze dias depois, trouxeram a carta da professora. Ela não parecia alarmada com as dificuldades de Francisco. Apesar de ler as letras, ele não conseguia, ainda, formar palavras completas. O hospital não possui nenhum serviço de psicopedagogia, e em algumas instituições a espera para receber acompanhamento psicopedagógico é longa. Nos desenhos e no contato Francisco deixava transparecer constrangimento em relação aos seus impulsos e à sua espontaneidade. Quase não falava, e eu não conseguia captar o que se passava com ele. Pensei que talvez o grupo de crianças com distúrbios gastroenterológicos[3] fosse uma forma de me aproximar

---

3. Esses grupos terapêuticos encontram-se uma vez por semana, com duração aproximada de uma hora e meia. Na última semana do mês, em vez das crianças, vêm as mães e/ou os pais para conversar

de Francisco, e, com os outros, entrar em contato com suas dificuldades, investigando aspectos que tivessem se tornado obstáculos para novas experiências. Em relação à questão da aprendizagem, decidi aguardar para avaliar o efeito do trabalho sobre o "desempenho intelectual".

Ao finalizar a consulta, quando já se dirigiam à porta, a mãe me mostrou um papel, dizendo: "A senhora poderia me dizer o que está escrito aqui? A sala, o Francisco já achou e sabe como chegar. É que eu não sei ler nem escrever." Percebi que estava se desculpando por não conseguir entender o que estava escrito no papel. Havia duas folhas: uma indicava o número da sala onde eram entregues os resultados dos exames, e a outra era uma prescrição do médico gastroenterologista, orientando a mãe sobre a dieta do filho. A última frase dizia para ele beber (não lembro quantos) copos de H_2O por dia. Expliquei à mãe o que significava H_2O, e que essa era uma linguagem à qual as pessoas leigas não têm acesso e que, dessa maneira, ela não precisava se sentir envergonhada por não saber.

Minha primeira reação foi ficar indignada diante da insensibilidade e insensatez do médico; pareciam ser dois mundos sem interseção: a linguagem do médico fechada aos outros, a sua caligrafia que não facilitava a leitura; a mãe relembrada de que não sabia ler, sentindo-se inferior aos outros por isso. Havia alguma esperança de que o tratamento clínico seria bem-sucedido? A informação, tão rica e inesperada que Francisco e sua mãe me traziam, revelava aspectos importantes da prática médica a serem analisados. Era evidente a pouca atenção dada ao saber do outro, do paciente, do seu responsável. Esse episódio é um exemplo

---

sobre seus filhos e sobre as dificuldades que eles encontram para ajudá-los. No grupo com crianças, trabalho com diferentes materiais que acabam servindo como analisadores. Utilizo jogos, como as varinhas, "stop" e jogos inventados; utilizo também material gráfico para desenhar ou fazer colagens, papel machê, argila, etc.

de um analisador, aquilo que produz análise ou que aponta para a potência de análise, de acontecimento, e que pode ser aproveitado como radar de uma cartografia do contexto hospitalar em que ocorrem os acompanhamentos.

Considerava o fato importante para ser trabalhado com médicos estagiários, mas de que forma? Que forma poderia encontrar para avaliar o contato do paciente com o médico-família e as inúmeras situações parecidas que se repetiam? Não era uma dificuldade desse médico em particular com seus pacientes; refletia uma realidade vivida por todos. Pensei que, se abordasse o profissional individualmente, ele tomaria a questão como uma crítica "pessoal", e eu perderia a chance de analisá-la com um grupo maior de profissionais que viviam o mesmo contexto. Optei por levar a questão da comunicação médico-paciente a uma reunião multidisciplinar.[4]

Continuei trabalhando com Francisco e sua mãe. Os dois faziam um esforço muito grande para vir. A mãe perdia horas de serviço e às vezes me dizia que temia perder o emprego. Durante as sessões de grupos de pais, Antônia expressava sua vergonha e sentimento de inferioridade por ser analfabeta, por não saber contar, dividir. Os pais, durante sua infância, não puderam, por motivos econômicos, mandá-la à escola. Precisou começar a trabalhar cedo. Ao mesmo tempo, criticava seu filho por não aproveitar o esforço que ela e o marido faziam para que ele pudesse estudar. E Francisco não conseguia satisfazer todas as aspirações dos pais! O pai dele nunca compareceu às sessões, pois trabalhava; ele também era analfabeto, mas a mãe dizia que ele se saía tão bem no trabalho que esse aspecto não o incomodava. Na sua profissão de pedreiro, ele sabia exatamente de quanta areia,

---

4. A reunião multidisciplinar havia sido criada para que os membros da equipe de saúde do ambulatório levantassem dificuldades e conversassem sobre os atendimentos e o cotidiano do ambulatório. Acontecia semanalmente e contava com a presença do chefe da disciplina e outros docentes, além da equipe. Voltarei a falar sobre essas reuniões mais adiante.

cimento ou pedra precisava para construir alguma coisa. As pessoas se maravilhavam, pois ele sempre sabia calcular o número de azulejos necessário para cobrir uma parede: não faltava nem sobrava.

Numa dessas sessões, perguntei a Antônia se sabia cozinhar. Disse que sim, que bolo era com ela mesma. Ela sabia quanta farinha, açúcar, ovos, manteiga iam em cada receita: ½ xícara, ¾ de xícara, uma colher de sopa, etc. E todos achavam os bolos uma delícia. Da mesma maneira que o pai de Francisco, ela também fazia cálculos ao preparar suas receitas.[5]

Constatei também grandes dificuldades por parte da mãe em ajudar o filho a crescer, deixá-lo fazer as coisas sozinho. Francisco tinha anseios de ir sozinho alugar um vídeo, e a mãe morria de medo que algo de ruim lhe acontecesse, apesar de a locadora ser perto de sua residência. Trabalhamos bastante essa necessidade de crescer, de se separar da mãe, e o sofrimento que isso significava para ela.

Francisco não melhorava na escola; continuava sem conseguir escrever direito e lendo muito pouco, mas estava mais seguro de si, falava mais, brincava mais. Tinha avanços e recaídas na constipação. Comecei, então, a procurar serviços de psicopedagogia. Francisco não era o único caso com dificuldades de aprendizagem que me fora encaminhado. Em geral, as queixas sobre dificuldades na escola são bastante freqüentes durante a infância e a adolescência, e não havia ninguém capacitado para lidar com isso no hospital. Foi nessa minha procura que conheci a psicopedagoga

---

5. É interessante ressaltar que a desvalorização do conhecimento adquirido "informalmente" é muito comum não somente no nosso meio mas em outros também. Em seu livro *Africa Counts*, Claudia Zaslavsky relata, por exemplo, que os desenhos em tecidos africanos artesanais envolvem conceitos matemáticos complexos; no entanto, durante muito tempo se acreditou que os nativos africanos eram mais primitivos que os colonizadores por não realizarem contas e resolverem problemas do mesmo modo que eles.

Sônia Colli, professora do Instituto Piéron. Depois de alguns contatos, ela me comunicou que gostaria de fazer uma pesquisa na área de aprendizagem e saúde e que poderia realizar atendimentos psicopedagógicos.

Francisco foi o primeiro a ser acompanhado por Sônia. Os avanços que ele tem feito são muito significativos. Por causa da dificuldade de vir ao ambulatório duas vezes por semana, suspendemos o acompanhamento que realizava comigo. Encontro com a mãe na sala de espera nos dias de consulta. Em um desses dias a mãe quis falar comigo. Conversamos rapidamente no corredor, e ela me disse que Francisco agora estava melhor na escola. Um pouco bruscamente ela me contou que era Francisco quem se cuidava: ele anotava as vezes que ia ao banheiro. Havia um tom de mágoa na fala dela; agora ele estava mais independente, então ela o largava, não cuidava.

O projeto de psicopedagogia tem sido extremamente rico, oferecendo a chance de nos aproximar e ter conhecimento das sutilezas das dificuldades no processo de aprendizagem, distinguindo dificuldades no nível "formal", em que a criança, por exemplo, tem noções de divisão, soma, resto, em atividades do cotidiano, mas lhe custa aplicar isso numa forma pedagógica, realizando contas de somar ou de dividir, o que inclui uma noção de espacialidade na página, etc. Para mim, esses dados forneciam um leque de informações e dados a serem observados em casos futuros.[6] A queixa de dificuldades na escola faz parte de muitos casos de crianças com distúrbios gastroenterológicos, o que implica um esforço

---

6. Até então, eu tinha tido pouca informação sobre todos os aspectos envolvidos no aprendizado. "Dificuldade de aprendizagem" significava um único bloco que precisava ser encaminhado a outro especialista. O contato com o grupo de psicopedagogia me tirava dessa ignorância — resistência em lidar com esses aspectos. A minha observação de uma criança iria se tornar muito mais rica, pois agora sabia o que "olhar".

de vários profissionais para desenvolver um trabalho conjunto. É na interseção dessas especialidades que se tenta introduzir novas perspectivas e modos de existência.

Podemos acompanhar alguns dos efeitos que o processo de escolarização tem produzido enquanto modo de subjetivação da/na criança. A preocupação dos pais e de muitos professores é de que a criança passe de ano; a aprendizagem em si, como processo que respeite o tempo de cada criança, fica em segundo plano. Ela é sobrecarregada com exigências: tem de saber, tem de passar de ano, pois quem não sabe é chamado de "burro", de "vagabundo". Dessa forma, ela é desapropriada do seu processo de aprendizagem, que é visto como vindo de fora para dentro. É o outro que quer que ela aprenda, é o outro que sabe, que ensina. O seu potencial para investigar, sua curiosidade, sua vontade de aprender acabam sufocados pelas exigências dos professores e dos pais.

No hospital, o tratamento clínico também desapropria a criança do conhecimento do próprio corpo. A instituição médica disciplina o corpo, sabe como ele deve funcionar, o que deve comer, como deve fazer cocô, que remédio precisa tomar. O corpo orgânico deve ser, antes de tudo, disciplinado, controlado.[7]

Esse agenciamento que fiz com a psicopedagogia tinha como finalidade despsicologizar a problemática que Francisco estava vivendo. Ele tinha sido encaminhado ao setor de psicogastro porque o médico que o atendia achava que a constipação era de "fundo psicogênico"; a expectativa era de que, trabalhando os conflitos psicológicos, melhorariam os sintomas.

---

7. Atendo uma menina de 9 anos, Vanessa, que também apresenta constipação. Na época em que tomava o laxante, Vanessa não achava que era ela que tinha vontade de evacuar. Ela dizia à mãe: "Mãe, preciso ir ao banheiro, o Agarol está fazendo efeito." Um líquido estranho ao corpo, mas que ela sentia que a conduzia.

Tanto a queixa da escola quanto a da família e a do médico eram similares: algo não funciona bem. Os três olhares constatavam um mau funcionamento na escola e no corpo, tendo como parâmetro um funcionar "bem". Sobrevém, então, uma solicitação de intervenção ortopédica. O trabalho com a mãe e o acompanhamento psicopedagógico significaram uma tentativa de desmanchar o pedido dessa intervenção ortopédica.

Com o passar do tempo, Francisco melhorou na escola e também da constipação, não precisando mais usar laxantes. No início do ano seguinte, Sônia constatou uma recaída. A mãe veio para a consulta desanimada; ela achava que o progresso na escola era muito lento; o médico havia mudado novamente (os estagiários mudam todo fim de ano); ela estava cansada de ter de insistir na ingestão de verduras e fibras, e mencionou o fato de, muito tempo atrás, em uma consulta com um médico em outro estabelecimento, ele haver levantado a possibilidade de fazer uma cirurgia e "resolver o problema". Ela havia pensado em voltar a consultar novamente esse médico. Segundo a mãe, Francisco havia passado quase vinte dias sem evacuar. No fim desse período ele havia conseguido, sem a ajuda de lavagens ou laxantes.

CAPÍTULO I

O CORPO NO HOSPITAL:
CORPO ORGÂNICO E CORPO DISCIPLINADO

1. O HOSPITAL COMO LUGAR DE CUIDADOS DO "CORPO DOENTE"

O corpo orgânico se impõe de forma irrefutável no hospital, já que é ele quem dá visibilidade à rede de saber-poder que sustenta a medicina. Causas mensuráveis, constatáveis e potencialmente combatíveis são, então, os alicerces do que será definido como corpo doente. O corpo, para a equipe médica de saúde, é aquilo que se apalpa e que se enxerga, clinicamente ou por meio de radiografias e exames laboratoriais. É um corpo que funciona ou não funciona, de acordo com algumas referências preestabelecidas: número de plaquetas, o que está presente ou ausente na urina ou nas fezes, uma criança ofegante em quem a radiografia constatou pneumonia.

O saber médico-científico repousa na ilusão de que o objeto a ser investigado — o corpo — possa ser descrito tal como é, em estado puro, pois sua existência é tomada como algo completamente independente do observador. Duvida-se de todo saber que não seja proveniente da experiência científica, pois pode oferecer imagens falsas, descrições imprecisas, subjetivas e, nesse sentido, distorcidas. É sob essa ótica que se escuta o paciente (ou seu responsável)[1]:

---

1. No caso de o paciente ser criança ou ser considerado "irresponsável" por si (loucos, dementes, sem razão), ouve-se seu responsável, ou seja, aquele que se supõe saber com mais "precisão os fatos".

já que ele não possui o domínio da linguagem médica, fala do seu corpo de uma forma enganosamente subjetiva. Por meio de um protocolo médico, essa linguagem é rapidamente codificada em termos científicos, objetivos e mensuráveis.

No meio médico-científico, as verdades são calcadas em sua proposição, aceitando-se um determinado tipo de discurso e desqualificando-se os outros. Esses saberes desqualificados fazem parte do que Foucault (1979) denominou "saberes dominados":

> Saberes ingênuos, hierarquicamente inferiores, saberes abaixo do nível requerido de conhecimento ou cientificidade. Foi o reaparecimento destes saberes que estão embaixo — saberes não qualificados, do psiquiatrizado, do doente, do enfermeiro, do médico paralelo e marginal ao saber médico, do delinqüente, etc., que chamarei de saber das pessoas e que não é de forma alguma um saber comum, um bom senso mas, ao contrário, um saber particular, regional, local, um saber diferencial incapaz de unanimidade e que só deve sua força à dimensão que o opõe a todos aqueles que o circundam — que realizou a crítica (1979:170).

Há abundantes exemplos desses saberes, sepultados e dominados no hospital pelo discurso médico-científico, saberes que, como diz Foucault, são deixados "de lado quando não foram explicitamente subordinados" (idem:170).

Via de regra, o médico parte do princípio de que os pacientes — e, no caso da criança, seus pais — não sabem a respeito do seu corpo, de si mesmos; é necessário, portanto, transmitir-lhes o saber científico coercitivamente e, com freqüência, de forma ameaçadora, em nome de sua salvação ou cura.

Um exemplo elucidativo é quando o médico fica perplexo e aflito diante do fato de o paciente, freqüentemente estimulado pela família, transgredir dietas prescritas pela equipe de saúde. É o caso do paciente com diabetes que avança nos alimentos doces, ou do paciente celíaco, cujas biópsias evidenciam, apesar de a família negar o fato, que ele continua comendo alimentos com glúten. Nesses momentos, o pediatra solicita a intervenção do psicólogo e de suas técnicas para que, por meio de entrevistas individuais ou de sessões de grupos, em que são reunidos pacientes com a mesma sintomatologia, o paciente se convença a aceitar o tratamento.

O que se observa, especialmente por parte dos médicos, é uma dificuldade de escutar ou ativar os saberes "ingênuos" singulares de cada paciente e de sua família, naquilo que ele sabe a respeito da sua condição.

Não é, entretanto, apenas o discurso médico-científico que desqualifica os saberes "particulares". Isso é verdadeiro, diz Foucault, de qualquer

> instância teórica unitária que pretenda depurá-los, hierarquizá-los, ordená-los em nome de um conhecimento verdadeiro, em nome dos direitos de uma ciência detida por alguns [...] (1979:171).

Os discursos *psi*, que aplicam seus conceitos sem levar em conta as condições históricas, culturais, sociais, econômicas do paciente e de sua família, cuja interpretação remete-se de modo unívoco a teorias universais, incorrem nesse mesmo tipo de desqualificação.

O que caracteriza os saberes sepultados, segundo Foucault, não é o fato de que se oponham, enquanto tal, aos conteúdos, conceitos e métodos de uma ciência, mas antes ao fato de que expressam uma resistência

> contra os efeitos de poder centralizadores que estão ligados à instituição e ao funcionamento de um discurso científico organizado no interior de uma sociedade como a nossa (idem:171).

Por saberes dominados, Foucault considera também

> os conteúdos históricos que foram sepultados, mascarados em coerências funcionais ou em sistematizações formais (idem:170).

Para esse pensador, tais conteúdos históricos carregam a memória de lutas e confrontos que constantemente os subordinam por meio de organizações funcionais ou sistemáticas.

As práticas rotineiras das enfermarias pediátricas podem exemplificar esses processos de mascaramento de conteúdos históricos da tradição.

Até alguns anos atrás não era permitida a permanência dos pais ou de algum acompanhante durante a internação de uma criança num hospital público, ao contrário do que acontecia nos hospitais particulares, onde era requisito indispensável para a internação de um paciente a permanência de um acompanhante responsável pela criança. A organização funcional da enfermaria baseava-se em critérios de assepsia e de preocupação com as infecções para estabelecer esse tipo de norma. Pensava-se que eram os acompanhantes vindos de fora do hospital que carregavam os germes provocadores das infecções. Hoje em dia sabe-se que as infecções hospitalares são causadas por agentes microbianos, resistentes à ação dos antibióticos, presentes na própria área do hospital e, principalmente, transmitidos pelos próprios funcionários. Quando se abriu a possibilidade de permanência dos pais na enfermaria, a resistência por parte da equipe médica e de enfermagem foi intensa. Eram evidentes os receios, por exemplo, de confronto, pois, para a equipe, os pais significavam uma fiscalização; para as atendentes e auxiliares de enfermagem, o receio de perder o emprego pois, aparentemente, os pais as substituiriam.

Fica evidente que o que se mascarava, por meio dos argumentos de uma "organização funcional e coerente", eram conteúdos históricos, que poderiam se confrontar com a ordem institucional que implica a centralidade da equipe médica, com exclusão da família.

Coimbra (1990) afirma que:

> os discursos ditos "científicos" e "neutros" produzem, em nossa sociedade, "verdades" dotadas de efeitos poderosíssimos; dentre eles, o de naturalizar a divisão entre o trabalho manual e

intelectual, marcar esses lugares como territórios do não saber e saber, portanto percebidos como inferior e superior, respectivamente (1990:3).

Nesse processo de marcação de territórios de saber-poder, as técnicas são mecanismos fundamentais de sua expressão.

Um episódio interessante aconteceu durante a fase de preparação e implantação do Projeto Mãe-Participante. Uma das atividades a serem realizadas com os acompanhantes era a de grupo de acompanhantes, como descrevi na Introdução. Num primeiro momento, a maioria dos membros da equipe de saúde achou necessário dar "aulas" aos acompanhantes: "aulas" de higiene, do valor nutritivo dos alimentos, de amamentação, entre outras. Assumia-se que as mães ignoravam esses assuntos, os quais deveriam ser transmitidos de forma didática, por meio de cartazes. A maioria dos membros da equipe pensava possuir um saber, válido para todos, que deveria ser transmitido para que os pais não fossem tão ignorantes e pudessem criar melhor os seus filhos.

O exame do paciente visa chegar a um diagnóstico preciso, absoluto, a respeito do que ele sofre, para, dessa forma, oferecer-lhe um tratamento adequado com a finalidade de curá-lo. Aí estaria bem cumprida a tarefa da medicina.[2]

A doença freqüentemente é vista como uma entidade que ataca o organismo, ou subverte uma ordem, e precisa ser combatida.

Vale a pena nos determos na noção médica de crise que teve um papel importante até o final de século XVIII. Segundo Foucault:

> A crise, tal como era concebida e exercida, é precisamente o momento em que a natureza profunda da doença sobe à superfície e se deixa ver. É o momento em que o processo doentio, por sua própria energia, se desfaz de seus entraves, se liberta de

---

2. Mais à frente voltarei à função disciplinar implícita no exame do paciente.

tudo aquilo, decide o seu futuro — favorável ou desfavorável. Movimento em certo sentido autônomo, mas do qual o médico pode e deve participar. Este deve reunir em torno dela todas as conjunções que lhe são favoráveis e prepará-la, ou seja, invocá-la e suscitá-la. Mas deve também colhê-la como se fosse uma ocasião, nela inserir sua ação terapêutica e combatê-la no dia mais propício. Sem dúvida a crise pode ocorrer sem o médico, mas se este quiser intervir, que seja segundo uma estratégia que se imponha à crise como momento da verdade, pronta a sub-repticiamente conduzir o momento a uma data que seja favorável ao terapeuta. No pensamento e na prática médica, a crise era ao mesmo tempo momento fatal, efeito de um ritual e ocasião estratégica (1979:114).

A intervenção do médico na crise entendida como afrontamento ao doente da sua natureza sadia com o mal que o atacava iria se apoiar na observação dos sinais que indicariam para onde deveria pender sua orientação clínica.

A crise, como nos aponta Foucault, revela a verdade da doença e do saber médico, e o hospital é o lugar onde tais verdades eclodirão. Diz Foucault:

> Até pouco tempo o hospital foi um lugar ambíguo: de constatação para uma verdade escondida e de prova para uma verdade a ser produzida.
> [...] O papel do hospital era então, [...] não só [o] de deixar ver a doença tal como é, mas também [o de] produzi-la enfim na sua verdade até então aprisionada e entravada. Sua natureza própria, suas características essenciais, seu desenvolvimento específico poderiam enfim, pelo efeito da hospitalização, tornar-se realidade (idem:118).

O hospital estará a serviço da cura do paciente que estará nas mãos do saber-poder médico. É nesse contexto hospitalar que se desenvolve a prática terapêutica cuja finalidade é combater a doença, "suprimir o mal (...) reduzi-lo a sua inexistência" (idem:119).

Entretanto, os descobrimentos de Pasteur sobre os agentes microbianos, causadores das infecções, identificam e fixam o agente do mal como organismo singular; isso fez com que *"o hospital se tornasse um lugar de observação, diagnóstico, de localização clínica e experimental"* (idem:120).

Assim, desmoronou a crença de que o papel do médico seria o de revelador da doença "em sua verdade". Pasteur mostrou que pelas mãos dos médicos passavam "micróbios" causadores de doenças.

A cultura maniqueísta, entretanto, continuou a dominar o saber médico: urgem as definições e classificações claras, precisas e nítidas nos diagnósticos diferenciais e entre o patológico e o são. Não podem incluir-se as transições, as linhas escorregadias entre corpo são e doente, louco e cordato, feminino e masculino. Não há espaços para os contínuos, para que a sanidade contenha a loucura, a doença orgânica não elimine o emocional, ou para que a vida contenha a morte.

O saber médico-científico organizou o estudo do corpo em órgãos e sistemas. A visão aqui é hierarquizada e sistêmica. Cada órgão pertence a um conjunto de órgãos que compõem, então, um sistema. Esse desempenha certas funções determinadas pelo funcionamento de cada órgão. Os sistemas integram-se entre si definindo um corpo.

Pouco a pouco cada órgão passa a pertencer ao domínio de uma especialidade. Cada especialista passa a olhar aquilo para o qual foi treinado. O médico especialista realiza uma anamnese dirigida para registrar os sintomas já descritos em algum estudo previamente realizado.

Como surgiram tais especialismos técnico-científicos na medicina? A resposta mais aceita em geral é a de que surgiram como conseqüência de uma necessidade tecnológica causada pelo crescimento e desenvolvimento dos conhecimentos médico-científicos. Coimbra (1990), no entanto, afirma que os especialismos técnico-científicos apareceram para atender a uma demanda social do avanço capitalista. A divisão social do trabalho penetra, assim, todos os espaços sociais incluindo-se aí a instituição hospitalar. Defende a tese de Stephen Marglin, que afirma que:

A concentração dos operários nas fábricas e sua separação em tarefas especializadas deu-se para que o capital pudesse exercer um melhor controle sobre o processo de produção [...] a necessidade de fiscalizar, hierarquizar e disciplinar explicam o fato de se reunir os trabalhadores num único estabelecimento, com tarefas cada vez mais especializadas (Coimbra, 1990:10).

As equipes multidisciplinares no hospital refletem essa especialização e hierarquização extrema em relação à produção do saber no meio médico-científico. Um exemplo disso é o encaminhamento para o psicólogo de tudo que é categorizado como "emocional", pois o médico julga nada saber a esse respeito; o psicólogo, por sua vez, encaminha ao fisioterapeuta tudo aquilo que diga respeito à reabilitação corporal, à coordenação motora, pois pensa nada saber sobre o corpo. Por meio da especialização, como diz Coimbra, expropria-se do trabalhador poderes como:

> sua habilidade, seu conhecimento profissional, seu *savoir-faire* [...]. Pela extrema especialização não só seu trabalho é totalmente fragmentado, como são aniquilados enquanto seres humanos, empobrecendo-se mentalmente, perdendo parte de sua criatividade, embrutecendo-se, fatigando-se, alienando-se; [...] passam a lidar com os instrumentos de trabalho e com os resultados da produção social como uma força desconhecida e exterior, que escapa ao seu controle e que os subjuga [...] (1990:10).

O exame clínico ou por procedimentos (testes laboratoriais, biópsias, radiografia, ultra-sonografia) somente pode captar aquilo que determina ou não o "estado doente". Mas o estado doente e a produção do conhecimento na instituição hospitalar, visando à cura, não estiveram sempre associados. É no engendramento de determinadas forças sociopolíticas que o hospital passará a cuidar do "corpo-doente".

2. A TECNOLOGIA POLÍTICA DO CORPO

Desde o século XIX, a medicina quis ser um saber proveniente de fatos, saber empírico, formado na observação, a experimentação dependente da clínica, onde se aprendia o "olhar clínico" do paciente, e do laboratório, onde se aprendiam as operações cuidadosamente analisadas. Mas o saber médico, como qualquer outro, faz parte da cultura e não é imune às suas influências. O saber médico alimenta-se dos valores da época, das convenções, dos temores e das ansiedades complexas do momento histórico. Barrán (1995) afirma que não é o mesmo falar de "sífilis" ou de "tuberculose" em 1900 e hoje. No início do século XX eram incuráveis, espalhavam o terror, e ameaçavam extinguir a espécie humana. Parafraseando Foucault, nos diz:

> Pode-se afirmar que sempre se especula dentro de um pensamento "anônimo e constritor" que é o de uma época e uma linguagem, que as palavras, as categorias e as imagens que utilizamos para definir o observado estão imbuídas de significados prévios e ideologia (Barrán, 1995:76).

Foucault (1977), em seu livro *Vigiar e punir*, comenta sobre o interesse de historiadores em abordar o estudo da história do corpo e seu adoecer:

> Estudaram-no no campo de uma demografia ou de uma patologia históricas; encararam-no como sede de necessidades e de apetites, como lugar de processos fisiológicos e de metabolismos, como alvos de ataques microbianos ou de vírus; mostraram até que ponto os processos históricos estavam implicados no que se poderia considerar a base puramente biológica da existência; e que lugar se deveria conceder na história das sociedades a "acontecimentos" biológicos como a circulação dos bacilos ou o prolongamento da duração da vida (1977:28).

A reflexão de Foucault vai tematizar o fato de que o corpo está diretamente mergulhado num campo político. Em seu estudo, ele observa que, até os séculos XVII e XVIII, pode-se afirmar que, *grosso modo*, o exercício do poder se baseava essencialmente nos termos da relação soberano-súdito. É nesse momento que algo de novo vai acontecer:

> Mas, nos séculos XVII e XVIII, ocorre um fenômeno importante: o aparecimento, ou melhor, a invenção de uma nova mecânica de poder, com procedimentos específicos, instrumentos totalmente novos e aparelhos bastante diferentes, o que é absolutamente incompatível com as relações de soberania.
>
> Este novo mecanismo de poder apóia-se mais nos corpos e seus atos do que na terra e seus produtos. É um mecanismo que permite extrair dos corpos tempo de trabalho mais do que bens e riqueza. É um tipo de poder que se exerce continuamente através da vigilância e não descontinuamente por meio de sistemas de taxas e obrigações distribuídas no tempo; que supõe mais um sistema minucioso de coerções materiais do que a existência física de um soberano. Finalmente ele se apóia no princípio, que representa uma nova economia do poder, segundo o qual se deve propiciar simultaneamente o crescimento das forças dominadas e o aumento da força e da eficácia de quem as domina (1977:187-8).

Essa nova forma de poder, alheia à soberania, extrai dos corpos tempo e trabalho, por meio de uma vigilância contínua e permanente. É um poder disciplinar:

> As relações de poder têm alcance imediato sobre ele [o corpo]; elas o investem, o marcam, o dirigem, o supliciam, sujeitam-no a trabalhos, obrigam-no a cerimônias, exigem-lhe sinais (idem:28).

O investimento político do corpo busca seu melhor rendimento econômico. É como força de produção que o corpo é investido, e isso só será possível se ele estiver preso a um sistema de sujeição. Utilidade-produtividade-sujeição: tripé engendrado e mantido pelo poder disciplinar que invisivelmente constitui e atravessa diferentes equipamentos sociais.

Esse poder sobre o corpo não se exerce necessariamente, como nos indica Foucault, pela violência ou pela ideologia. A sujeição do corpo é de ordem física, sutil, tecnicamente pensada e calculada. O poder, aqui, não se identifica como uma lei que proíbe, que reprime, mas como uma incitação. É por isso que ele se faz aceitar, porque induz ao prazer, produz objetos e discursos, se faz prática atravessando todo o corpo social.

A partir dos séculos XVII e XVIII instaura-se, assim, o que Foucault denomina de uma nova "economia" do poder, por meio do desbloqueio tecnológico da produtividade do poder. Essa nova economia instaura

> procedimentos que permitem fazer circular os efeitos de poder, de forma ao mesmo tempo contínua, ininterrupta, adaptada e "individualizada" em todo o corpo social. Estas novas técnicas são ao mesmo tempo muito mais eficazes e muito menos dispendiosas (menos caras economicamente, menos aleatórias em seu resultado, menos suscetíveis de escapatórias ou de resistências) do que as técnicas até então usadas e que repousavam sobre uma mistura de tolerância mais ou menos forçada (desde o privilégio reconhecido até a criminalidade endêmica) e de cara ostentação (intervenções espetaculares e descontínuas do poder cuja forma mais violenta era o castigo "exemplar", pelo fato de ser excepcional) (1977:8).

Há, assim, um saber sobre o corpo que não está baseado na ciência do seu funcionamento físico ou mental, mas que consiste num controle de suas forças, que supera a capacidade de vencê-las. Esse conjunto de saber e poder forma o que ele denomina de *tecnologia política do corpo.*

Como tecnologia, busca um corpo a ser minuciosamente investigado, produzindo sobre ele um saber que se enraíza como poder que, por sua vez, o configura como outro corpo.

Essa característica produtiva do poder significa uma mudança de seu caráter como instância; o poder não se define mais como um lugar, mas por seu caráter intersticial e temporal. É por isso que se diz que esse poder se exerce enquanto efeito que se manifesta nas posições que os indivíduos ocupam numa rede:

> O poder deve ser analisado como algo que circula, ou melhor, como algo que só funciona em cadeia. Nunca está localizado aqui ou ali, nunca está nas mãos de alguns, nunca é apropriado como uma riqueza ou um bem. O poder funciona e se exerce em rede. Nas suas malhas os indivíduos não só circulam mas estão sempre em posição de exercer este poder e de sofrer sua ação; nunca são o alvo inerte ou consentido do poder, são sempre centros de transmissão. Em outros termos, o poder não se aplica aos indivíduos, passa por eles (1977:183-4).

Dessa forma, o saber médico e os avanços científicos na medicina são produzidos nesse mesmo campo onde o conhecimento sobre o corpo é constituído pelas injeções da biotecnologia. As atividades da equipe de saúde do hospital e o saber que produzem estão, assim, diretamente ligados aos processos e lutas do poder-saber.

O poder intervém atingindo o corpo do paciente, penetrando em sua vida cotidiana, não necessariamente por meio de proibições e obrigações estipuladas pela equipe de saúde, mas de uma forma sutil e difusa pelo "controle minucioso e detalhado do corpo — gestos, atitudes, comportamentos, hábitos, discursos" (Foucault, 1979:XII).

É também nesse sentido que um sintoma pode ser "produzido" pelo paciente e "captado" pelo especialista. Os sintomas prejudicam a produtividade do corpo dócil-útil. A criança também se torna um indivíduo considerado pela família e pela escola como produtivo ou improdutivo. O distúrbio orgânico enfraquece a produtividade da criança.[3] A medicina se ocupará do sintoma

---

3. As mães de crianças com distúrbio orgânico foram classificadas por Békei (1991) como psicossomatizantes; por suas características pessoais de serem

para devolver ao corpo sua produtividade. Desse ponto de vista, os pacientes considerados difíceis por não melhorarem não seriam aqueles que estariam resistindo, de alguma forma, ao exercício do poder? Não seria essa uma das manifestações possíveis de uma espécie de contrapoder?

Inspirando-se na concepção nietzschiana, Foucault propõe, por meio de uma genealogia do poder, uma desnaturalização de conceitos e verdades obtidos por métodos "científicos" sobre a doença, a sexualidade, a loucura, etc.

Para Foucault, a repressão, aspecto negativo do poder, sua força destrutiva, não é o ponto fundamental:

> O poder possui uma eficácia produtiva, uma riqueza estratégica, uma positividade. É justamente este aspecto que explica o fato de que tem como alvo o corpo humano, não para supliciá-lo, mutilá-lo, mas para aprimorá-lo, adestrá-lo [...] lhe interessa gerir a vida dos homens, controlá-los em suas ações para que seja possível e viável utilizá-los ao máximo, aproveitando suas potencialidades e utilizando um sistema de aperfeiçoamento gradual e contínuo de suas capacidades (1979:XVI).

A essa forma específica de poder que organiza o espaço, controla o tempo, que incide sobre os corpos, vigia-os e sanciona, registrando continuamente a conduta dos indivíduos mediante uma tecnologia própria de controle, Foucault denominou de disciplina ou poder disciplinar. Consiste numa técnica, um dispositivo, um conjunto de

---

mães práticas, objetivas, que cuidavam da criança mas não conseguiam brincar com elas ou compartilhar momentos lúdicos significativos, poderiam ser também descritas como mães extremamente preocupadas com a produtividade da criança, com o bom funcionamento do corpo, em termos do desenvolvimento e das atividades escolares. Nesse sentido, geralmente o discurso dessas mães coincide com a anamnese do especialista que é extremamente dirigida para colher dados objetivos sobre o funcionamento da criança.

métodos que permitem o controle minucioso das operações do corpo, que asseguram a sujeição constante de suas forças e lhes impõem uma relação de docilidade-utilidade [...] É o diagrama de um poder que não atua do exterior, mas trabalha o corpo dos homens, manipula seus elementos, produz seu comportamento, enfim, fabrica o tipo de homem necessário ao funcionamento e manutenção da sociedade industrial capitalista (1979:XVII).

O controle da sociedade sobre os indivíduos não se exerceria, portanto, simplesmente por meio da ideologia ou da consciência. O controle começa no corpo:

> Foi no biológico, no somático, no corporal, que, antes de tudo, investiu a sociedade capitalista. O corpo é uma realidade biopolítica. A medicina é uma estratégia biopolítica (idem:80).

Reconstituindo três etapas na formação da medicina social, Foucault nos fala que somente na última etapa, na segunda metade do século XIX, a medicina considera o problema do corpo, da saúde em relação à força produtiva dos indivíduos.

No início do século XVIII, sobretudo na Alemanha, desenvolve-se o que Foucault denomina de medicina de Estado. Foi na Alemanha que surgiu a necessidade de uma reflexão sobre o Estado por causa dos persistentes conflitos e afrontamentos que ocorriam entre os pseudo-estados justapostos que constituíam a nação alemã. Surge o Estado como objeto de conhecimento e o estudo do seu funcionamento.

Nessa época, após a Guerra dos Trinta Anos, havia na Alemanha uma certa burguesia que, desocupada e impossibilitada de subsistir por meio do comércio, se constituiu num corpo de funcionários disponíveis para os aparelhos de Estado.

O sistema mercantilista reinante na época, como prática política, exercia um controle sobre os fluxos monetários entre as nações, os fluxos das mercadorias correlatas e a atividade produtora da população. Com o aumento da população ativa e da produtividade de cada indivíduo ativo, estabeleciam-se fluxos comerciais que viabilizavam o ingresso de maior quantidade de dinheiro para assegurar a força real de um Estado em relação a outro.

Na Alemanha, a preocupação com a saúde da população resultou no desenvolvimento de intervenções efetivas na tentativa de melhorar o seu nível em meados do século XVIII.

As intervenções incluíram, por um lado, a observação e o registro da morbidade, pela contabilidade pedida a hospitais e médicos, e dos fenômenos epidêmicos e endêmicos constatados. Por outro, aparece pela primeira vez a normatização da prática e do saber médico, por meio da normalização do ensino médico e de um controle estatal de programas de ensino. Subordinou-se a prática médica a uma organização administrativa que emitia ordens em função das informações que centralizava a partir dos dados fornecidos pelos médicos. O Estado nomeou funcionários médicos com o intuito de se responsabilizar pelas diferentes regiões. A medicina de Estado teve por finalidade aperfeiçoar e desenvolver a força estatal. Não era o corpo daquele que trabalha que preocupava o Estado, mas a força desse indivíduo.

No fim do século XVIII, na França, desenvolveram-se as estruturas urbanas que deram suporte a uma nova etapa da medicina social, definida por Foucault como medicina urbana.

Foucault descreve uma cidade francesa em torno de 1750, observando que deve ser vista "não como uma unidade territorial mas como multiplicidades emaranhadas de territórios heterogêneos e poderes rivais" (1979:89).

Surge, então, por razões econômicas e políticas, a necessidade de unificar o poder urbano, de constituir a cidade como unidade, de organizar o corpo urbano de modo "coerente, homogêneo, dependendo de um poder único e bem regulamentado" (idem:86).

As revoltas urbanas tornam-se mais freqüentes, conflitos entre ricos e pobres constituem as revoltas de subsistência. Aparece então a necessidade de esquadrinhar a população urbana por meio de um poder político.

Nasce, segundo Foucault, o medo urbano: medo das fábricas que vão sendo construídas, medo do amontoamento, das casas altas demais, do crescimento populacional, das epidemias, do aumento incessante do número de cemitérios que invadem as cidades, do perigo de desabamento de casas construídas de forma precária, etc. Para controlar essas inquietações é criado um modelo médico e político de quarentena.

Essa organização sanitária das cidades é diferente do modelo suscitado pela lepra durante a Idade Média, pelo qual o leproso era posto para fora da cidade. O modelo reinante era o de exclusão, de exílio, tendo em vista a purificação do espaço urbano. A tarefa da medicina era a de purificar os cidadãos por meio da expulsão do doente. Já a medicina urbana do século XVIII se sustenta num outro esquema médico-político, que se estabeleceu não mais contra a lepra, mas contra a peste. Esse esquema se caracteriza pela análise minuciosa da cidade e pelo registro permanente e individualizante dos seus ocupantes. Esses métodos de vigilância e de hospitalização ou internamento são, segundo Foucault, uma forma aperfeiçoada da quarentena do final da Idade Média.

A medicina urbana, por meio da higiene pública, desenvolve-se em torno de três objetivos principais:

1. Analisar e controlar as regiões de amontoamento no espaço urbano, como, por exemplo, os cemitérios, que representavam perigo e confusão para a população. Foucault ressalta que é nessa época que aparecem o caixão individual e as sepulturas reservadas a cada família, recebendo o nome desta.

2. O controle da circulação dos elementos — ar e água. No século XVIII, havia a crença de que o ar era responsável pela transmissão de doenças, pois ele agia diretamente sobre o corpo. Convocaram-se químicos, físicos, médicos, para discutir e propor métodos mais eficazes de arejamento das cidades, garantindo uma boa circulação de água e de ar.

3. A organização da saúde. Elaborou-se um plano a partir de pesquisas feitas sobre os lugares onde se podia dragar água, não contaminada pelos esgotos, para beber.

A medicalização das cidades facilitou a aproximação da medicina com outras ciências, por exemplo, a química, inserindo dessa forma a medicina na ciência físico-química. Segundo Foucault:

> A passagem para uma medicina científica não se deu através da medicina privada, individualista, através de um olhar médico mais atento ao indivíduo. A inserção da medicina no funcionamento geral do discurso e do saber científico se fez através da socialização da medicina, devido ao estabelecimento de uma medicina coletiva, social, urbana (1979:92).

A terceira etapa da medicina social teve como alvo não o Estado ou a cidade, mas os pobres. No século XIX os pobres haviam se tornado um perigo para a população. Até essa época, especialmente na França, eles não eram vistos como uma ameaça, pois se encarregavam de instrumentalizar a vida urbana. Realizavam incumbências como retirar o lixo, distribuir correspondência, etc.; "quem assegurava várias funções fundamentais da cidade, como o transporte de água e a eliminação de dejetos, era o pobre" (Foucault, 1979:94).

A partir da segunda metade do século XIX a população pobre iniciou sua participação ativa em revoltas. Os pobres perderam suas formas de ganhar a vida a partir do estabelecimento de meios que dispensaram seus serviços à população, como a instalação do serviço postal.

Depois de 1832, durante a propagação da cólera na Europa, que se concentrou fundamentalmente na população proletária, originando assim medos políticos e sanitários, o espaço urbano foi dividido em áreas ricas e pobres. A coabitação de ricos e pobres num mesmo espaço urbano passou a significar um perigo sanitário e político para a cidade.

É principalmente na Inglaterra, onde o desenvolvimento do proletariado foi mais rápido, que surge uma nova medicina social — a medicina dos pobres.

A Lei dos Pobres oferecia uma assistência controlada sobre o pobre que, por se beneficiar dela, teve de se submeter a vários controles médicos. Essa legislação significou, de um lado, uma intervenção que oferecia aos mais pobres assistência médica que satisfazia às suas necessidades de saúde e, de outro, uma garantia aos mais ricos, que se asseguravam de uma proteção sanitária contra as doenças que os pobres podiam disseminar.

> Um cordão sanitário autoritário é estendido no interior das cidades entre ricos e pobres: os pobres encontrando a possibilidade de se tratarem gratuitamente ou sem grande despesa e os ricos garantindo não serem vítimas de fenômenos epidêmicos originários da classe pobre (Foucault, 1979:95).

A medicina social, por meio da legislação, organizou um serviço autoritário que, além da oferta de cuidados médicos, visava a um controle médico da população, efetivado pelo *health service*. Esse serviço era um prolongamento da Lei dos Pobres, que incluía o controle da vacinação, o registro de doenças e a intervenção em locais insalubres. Mas a vigilância médica inglesa suscitou várias reações antimédicas na Inglaterra.

Foucault constata que, no fim do século XIX, diferentes grupos religiosos de origem protestante lutaram contra a medicalização oficial, defendendo o direito das pessoas sobre seu próprio corpo, o direito de estar doente ou de se curar, e o de morrer como quisessem. Já em países católicos, essa dissidência se dá de forma diferente. Foucault sugere a hipótese de que as peregrinações anuais e sistemáticas talvez revelassem uma forma singular de resistência contra uma medicalização autoritária dos corpos e das doenças.

A medicina social que se desenvolve no fim do século XIX, principalmente na Inglaterra, é uma estratégia política destinada essencialmente ao controle da saúde e do corpo das classes mais pobres com a finalidade de torná-las mais produtivas e menos ameaçadoras às classes mais abastadas.

Ela combina três sistemas médicos: a assistência à população carente, uma medicina administrativa que controlava a vacinação e as epidemias, entre outras coisas, e uma medicina privada que atendia às necessidades de quem tinha meios para pagá-la.

Criam-se corpos, criam-se doenças. O corpo é observado, escutado e olhado minuciosamente pelo especialista porque se quer conservá-lo e preservá-lo da doença. O paciente passa a fazer o mesmo: a olhar e sentir seus órgãos obsessivamente, para tentar prevenir qualquer ameaça que prejudique o "bom" funcionamento do seu corpo. A utilização da radiografia como um procedimento para auxiliar o diagnóstico do corpo permitiu ao médico e ao doente conhecer aquilo que lhe era até então obscuro: o interior do corpo. A iluminação do esqueleto em vida, pelo saber científico, como sugere Sant'Anna (1995), implica novas zonas de incerteza e mistério.

> Nas clínicas, nos hospitais, e também na mídia, o avesso dos corpos se tornou uma imagem banal. Talvez nossa época tenha sido a que mais perturbou o silêncio dos órgãos, a que mais devassou a intimidade de tudo aquilo que, dentro da pele, se mantém na obscuridade.
>
> Entretanto, uma tal banalização não poderia ocorrer sem evidenciar o caráter provisório dos regimes de visibilidade que definem a verdade do corpo, da saúde e da doença em cada época (1995:11).

Essa forma de lidar com o corpo é característica de um momento histórico, cultural e econômico, no qual o indivíduo representa seu corpo como um instrumento, por aquilo que ele consegue produzir. Tal posição se contrapõe à visão da saúde e da doença como naturais, e implica um modo diferente de lidar com o corpo.

O corpo útil é um corpo produtivo que atende às exigências impostas, freqüentemente desconectadas das necessidades que lhe são próprias. O que dele se exige é submissão e docilidade.

Entretanto, a medicina não produz tal corpo sozinha. São vários os equipamentos sociais que exercem vigilância sobre o corpo da criança com a finalidade de que se torne um corpo adulto obediente e dócil. Um deles é a família.

3. A FAMÍLIA E A DISCIPLINARIZAÇÃO DO CORPO

A queixa das mães, quando trazem o filho ao ambulatório de gastropediatria, é em relação à falta de controle que ele tem sobre seu corpo: "suja a cueca". Por outro lado, isso também é sentido por elas como um desafio ao controle que exercem sobre os filhos. A queixa "suja a cueca" traduz-se, em termos médico-científicos, como um sintoma denominado *soiling*. Faz parte do quadro de uma constipação intestinal crônica, no qual a criança perde fezes involuntariamente. Não é uma defecação propriamente dita, pois o bolo fecal continua no reto.

A preocupação da mãe é com aquilo que lhe escapa ao controle; as fezes que não "solta", ou as fezes que "solta" no momento e no lugar não apropriados. As mães também relatam que surgem dificuldades na escola: a criança recusa-se a ir à escola pois é caçoada pelos colegas como aquele que "fede".

Freqüentemente é necessário escrever relatórios dirigidos à professora para alertá-la do quadro e solicitar autorização para que a criança possa ir ao banheiro quando surge a necessidade. É comum, nas escolas, a prática de "organizar" as idas ao banheiro durante as aulas, mecanismo pelo qual os professores acabam impondo uma ordem de quando é possível sair da sala.

Pela investigação detalhada da rotina da criança, vislumbram-se as instâncias que exercem uma vigilância sobre ela a partir de práticas que se rotulam como ensinar, disciplinar, etc., exercidas, de um lado, pela família e, de outro, pela escola. A aliança família-escola-medicina se faz exatamente no exercício do controle sobre o corpo e a sexualidade. Trata-se, novamente, de acompanhar as redes de saber-poder que constroem corpos adaptados e produtivos.

O paciente chega ao hospital trazendo um corpo doente, ou, em outras palavras, um corpo que está ameaçado de perder sua força. Uma força que é considerada vital pois é a sua força de produção, ou seja, meio de sobrevivência. Ele traz um corpo a respeito do qual abdicou de todo saber vivencial e o apresenta a uma autoridade do corpo: o médico, figura que entrelaça o saber e o poder.

O exame clínico e a anamnese do paciente revelam-se como procedimentos prioritários para o estabelecimento da verdade que o poder disciplinar utiliza na instituição hospitalar.

Para o paciente, o olhar hierarquizado do médico aparece como o de alguém que pode livrá-lo da dor, do incômodo, da improdutividade e ao mesmo tempo devolver-lhe uma integridade física mediante uma sanção normalizante. O paciente precisará adquirir novos hábitos, estipulados estatisticamente por pesquisas, para recuperar a saúde. O exame, para Foucault, permite qualificar, classificar, homogeneizar e diferenciar os indivíduos a partir do conhecimento preestabelecido: "Nele [no exame] vêm-se reunir a cerimônia do poder e a forma da experiência, a demonstração da força e o estabelecimento da verdade." (1977:164).

Estabelece-se uma verdade sobre o corpo do paciente por meio de um diagnóstico, ao qual ele estará sujeito no decorrer do tratamento. A determinação desse percurso ficará a cargo do "dono da verdade", da leitura que o médico faz dos resultados dos exames, de seu olhar clínico. Fica evidenciada a superposição nesse procedimento das relações de poder e de saber. O exame capta e fixa detalhes e minúcias da vida do paciente, do seu corpo, de suas necessidades, e os transcreve de forma a homogeneizá-los mediante um código de sintomas:

> O exame que coloca os indivíduos num campo de vigilância situa-os igualmente numa rede de anotações escritas [...] Um "poder de escrita" é constituído como uma peça essencial nas engrenagens da disciplina (Foucault, 1977:168).

Por meio da anamnese o indivíduo se torna um "caso"; o exame fixa de forma "científica" as diferenças individuais; o paciente, mediante as técnicas documentárias, pode ser descrito, mensurado, medido, pesado e comparado a outros; converte-se num caso. O exame é um dos processos fundamentais que constituem cada caso como efeito e objeto do poder e do saber.

A criança doente passa a ser nomeada pela doença: uma diabética, um encoprético, um renal crônico, etc.

> O exame [...] indica bem a aparição de uma nova modalidade de poder em que cada um recebe como *status* sua própria individualidade, [...] estatutariamente ligado aos traços, às medidas, aos desvios, às "notas" que o caracterizam e fazem dele, de qualquer modo, um "caso" (Foucault, 1977:171).
>
> [...] Estabelece uma visibilidade através da qual eles [os pacientes] são diferenciados e sancionados (idem:164).

A partir desse momento, seu corpo não mais lhe pertence, foi apropriado pelo saber da instituição. Isso se acentua quando uma criança precisa de internação. À medida que passam os dias nota-se, freqüentemente, uma transformação no corpo e na sua relação com ele: o corpo passa a ser manipulado pelos médicos de tal forma que perde a vitalidade própria, a autonomia. É atravessado por uma autoridade externa, manifestada muitas vezes de maneira conspícua por aparelhos ortopédicos, equipe de soroterapia, ou bolsas de diálise peritonial, que são penduradas no corpo da criança. Não é raro que, nesses casos, surjam pedidos de interconsultas ao setor de psicologia, pelo fato de a criança ter se tornado apática, deprimida, não querer se levantar do leito, etc. Quando me aproximo dela, sinto que me olha com desconfiança, percebo uma renúncia ao controle do próprio corpo, do qual a medicina se apoderou.

O hermetismo da linguagem médica cria uma dupla ilusão: para o paciente aí se esconde o milagre da cura; para o médico essa é a forma de tratar o paciente. Uma forma ascética que exclui qualquer contaminação subjetiva do desejo e que deverá produzir resultados efetivos.

Muylaert (1995) descreve os efeitos de poder do discurso médico:

> Não conseguimos entender a linguagem médica. Ficamos imersos na ignorância, quando as explicações técnicas sucedem acontecimentos do corpo que tentamos entender. Este mecanismo que reside no discurso médico incide certo fascínio sobre a população de modo geral.

É como se a medicina detivesse um segredo acerca dos corpos que não pode ser partilhado; caso a partilha aconteça o mecanismo de poder associado a estas práticas se dissolve tendo a Medicina que enfrentar seus "não saberes", o que questionaria este mecanismo de poder (1995:76).

Partilhar o saber com o paciente significa para o médico se confrontar com os limites entre aquilo que está sob seu domínio e aquilo que não lhe pertence, mas do qual ele se apropriou. Muitas vezes, denigre o saber do paciente por considerá-lo distorcido, subjetivo.

Tenta-se uma desdramatização do corpo e do sofrimento. A dor passou a ser um sintoma descritível, classificável, a ser controlado; perdeu qualquer dimensão que a ligue ao trágico.

Chegam ao setor de psicogastro muitos pacientes que sofrem de dor abdominal crônica recorrente, encaminhados pelos especialistas. São crianças ou púberes que apresentam dor na região abdominal por um período maior do que três meses, e nos quais, após uma série de exames, não se verifica "nada orgânico". São então encaminhados ao psicólogo, pois se deduz que o problema é de ordem emocional.

Quando não se constata um lugar orgânico para a dor, ela perde o interesse científico para o médico; para ele, trata-se então de se livrar do paciente o mais rápido possível.

Nas aulas sobre dor abdominal crônica recorrente ministradas aos residentes ou médicos em especialização, são freqüentes as perguntas: "O que se faz com uma criança que sofre de dor abdominal crônica recorrente?" Ou seja, a dor somente tem sentido para o médico quando ela ocupa um lugar orgânico. Uma vez levantada nas aulas a hipótese de encaminhar a criança ao psicólogo, as questões que aparecem são: "Quando se encaminha a criança para o psicólogo?", "Como falar aos pais que não encontramos nada?"

Não é rara a ocorrência de episódios de total descaso da dor por parte de pediatras não informados da existência dessa síndrome, e/ou quando as técnicas de investigação diagnósticas não constatam uma causa orgânica para a dor.

O médico, portanto, só pode então lidar com a dor quando ela se traduz em objeto de conhecimento. Sua dramatização corpórea é excluída da possibilidade de tratamento.

4. A CONSTITUIÇÃO DA ESCOLA COMO INSTÂNCIA DE DISCIPLINARIZAÇÃO

Segundo Ariès (1981), até o século XVII não havia consciência da especificidade infantil, das particularidades que diferenciam a criança do adulto. A criança era diferente do adulto no tamanho e na força, porém as outras características permaneciam iguais.

Prevalecia um sentimento de indiferença pelos fenômenos biológicos propriamente infantis. A noção da infância estava ligada somente à idéia de dependência:

> assim que a criança tinha condições de viver sem a solicitude constante de sua mãe ou de sua ama, ela ingressava na sociedade dos adultos e não se distinguia mais destes (Ariès, 1981:156).

As crianças muito pequenas não eram contadas, por serem frágeis demais e pelo alto nível de mortalidade da época; sua sobrevivência era então duvidosa. Mas uma vez superada essa fase, misturavam-se aos adultos, e a sua aprendizagem se fazia de forma direta no contato com esses.

Os eclesiásticos, os educadores e os homens da lei começam, então, a se preocupar com a disciplina e a racionalidade dos costumes das crianças. As crianças eram consideradas "frágeis criaturas de Deus que era preciso preservar e disciplinar" (Ariès, 1981:164).

Formou-se uma concepção moral da infância que insistia em sua fraqueza, associando-a à sua inocência, enquanto ausência de saber, tornando-se a educação, então, uma das primeiras obrigações humanas.

Essa concepção reagia ao mesmo tempo contra a indiferença pela infância, contra um sentimento demasiado terno e egoísta que tornava a criança um brinquedo do adulto e cultivava seus caprichos, e contra o inverso deste último sentimento, o desprezo do homem racional (idem:140).

Neste sentido, Ariès acredita que o sentido da inocência infantil, despertado ao longo dos séculos XVI e XVII, resultou numa dupla atitude moral em relação à infância. Por um lado pretendia preservar a criança da sexualidade tolerada entre os adultos, e por outro fortalecê-la, desenvolvendo-lhe o caráter e a razão.

Durante a Idade Média, a escola e o colégio eram reservados a um pequeno número de clérigos; mas, a partir do século XV, a escola e o colégio passam a assumir o papel de instância de formação.

No início dos tempos modernos, como nos diz Ariès, a escola e o colégio tornaram-se uma forma moral e intelectual de isolar as crianças durante a fase de formação, de adestrá-las por intermédio de uma disciplina mais autoritária.

Essa separação, segundo esse autor, não os atingia como crianças, mas como estudantes. Não se desenvolveu um regime especificamente infantil ou juvenil; o intuito do colégio era proteger os estudantes da vida leiga; desejava-se proteger sua moralidade: se a escola apartava a criança da mistura dos sexos e das condições sociais, não a apartava da mistura das idades.

Ao longo dos séculos XV e XVI ocorre um processo de diferenciação da massa escolar, no que diz respeito à capacidade e à idade: institui-se a figura de um professor para cada grupo de alunos, e locais isolados para cada classe. Portanto, havia uma conscientização crescente, mas que permaneceu incipiente até um período mais tardio, sobre as particularidades da infância e da juventude, em que tais fases serão representadas por categorias diferentes correspondendo à idade e ao desenvolvimento.

Como constata Ariès, até o século XVII considerava-se o término da primeira infância entre os 5 e os 6 anos. A criança ingressava na escola por volta dos 7 anos. Mais tarde retardou-se a entrada até os 9-10 anos, justificando-se esse retardo pela incapacidade, fraqueza ou "imbecilidade" dos menorzinhos.

A primeira infância foi assim isolada, mas o resto da população escolar permaneceu misturado: alunos de 10-14 anos, de 15-18, e 19-25 freqüentavam as mesmas classes. É somente no século XVIII que se pensa em separá-las:

> A regularização do ciclo anual das promoções, o hábito de impor a todos os alunos a série completa de classes, em lugar de limitá-la a alguns apenas, e as necessidades de uma pedagogia nova, adaptada a classes menos numerosas e mais homogêneas, resultaram, no início do século XIX, na fixação de uma correspondência cada vez mais rigorosa entre a idade e a classe (Ariès, 1981:177).

Por outro lado, a partir do século XV a noção da infância ligada à idéia de fraqueza e o sentimento da responsabilidade moral dos mestres propiciarão o desenvolvimento de um sistema disciplinar cada vez mais rigoroso:

> Para definir este sistema, distinguiremos suas três características principais: a vigilância constante, a delação erigida em princípio de governo e em instituição, e a aplicação ampla de castigos corporais (idem:180).

Durante os séculos XV e XVI o castigo corporal — uma disciplina humilhante — se generalizou paralelamente a uma concepção da sociedade autoritária, hierarquizada e absolutista. Haveria uma diferença fundamental entre a disciplina das crianças e a dos adultos, já que nem todos os adultos eram submetidos a castigos corporais. Os fidalgos escapavam desses castigos, e a forma como a disciplina era aplicada diferenciava as condições sociais. O adolescente era submetido a uma disciplina idêntica à da criança, o que, conseqüentemente, o aproximava dela e o afastava do adulto.

> Portanto a infância prolongada até dentro já da adolescência, da qual se distinguia mal, caracterizava-se por uma humilhação

deliberada. Toda a infância, a infância de todas as condições sociais, era submetida ao regime degradante dos plebeus. O sentimento da particularidade da infância, de sua diferença com relação ao mundo dos adultos, começou pelo sentimento mais elementar de sua fraqueza, que a rebaixava ao nível das camadas sociais mais inferiores (Ariès, 1981:181).

A partir de 1763 houve na França uma supressão do regime disciplinar escolástico a partir de um sentimento crescente de repugnância em relação aos castigos corporais. A infância deixa aos poucos de ser considerada uma idade servil, marcada pela fraqueza. Surge a concepção de que é necessário despertar na criança os sentimentos de responsabilidade e de dignidade. A criança não era mais oposta ao adulto; devia-se prepará-la para a vida adulta, e isso exigia uma formação dividida em etapas.

Como diz Ariès, a disciplina escolar, que teve origem na disciplina eclesiástica e que consistia numa vigilância permanente da criança, tinha por objetivo o aperfeiçoamento moral e espiritual.

A transformação gradual da escola livre da Idade Média para a escola vigiada e disciplinada dos tempos modernos e a preocupação com a educação coincidiam com a idéia de que a criança não estava preparada para a vida adulta e era necessário submetê-la a um regime especial: como define Ariès, a uma "quarentena".

> A escola substituiu a aprendizagem como meio de educação. Isso quer dizer que a criança deixou de ser misturada aos adultos e de aprender a vida diretamente, através do contato com eles. A despeito das muitas reticências e retardamentos, a criança foi separada dos adultos e mantida a distância numa espécie de quarentena, antes de ser solta no mundo. Essa quarentena foi a escola, o colégio. Começou um longo processo de enclausuramento das crianças (como dos loucos, dos pobres e das prostitutas) que se estenderia até nossos dias, e ao qual se dá o nome de escolarização (idem:11).

Segundo Ferreira (1996), o sistema escolar produziu um confinamento do conhecimento.

> A escola se encarregou muito "competentemente" de ser guardiã do saber. Com isto, junto a outras instituições (políticas, religiosas, econômicas), desenvolveu uma série de estratégias que lhe garantisse definir o que era ou não considerado conhecimento e, portanto, passível de ser valorizado e reconhecido socialmente [...]
> Vende-se a idéia de que há na escola o conhecimento e, portanto, só é possível aprender na escola através do professor. É muito recente a idéia de que o conhecimento está no mundo e, desta forma, é coletivo. Ainda se mantém a concepção de que o acesso está restrito a alguns, àqueles que pertencem ao grupo escolarizado, nega-se com isto que o mundo é escola, ou como diz Paulo Freire, que existe a escola da vida tão ou mais importante do que a dita escola. Tem-se a partir desta lógica o exercício do confinamento do conhecimento e dos ditos saberes (1996:24).

Por outro lado, a escola se sustenta numa relação de submissão: em um dos pólos, o professor, detentor do saber e dos recursos; no outro, o aluno, ignorante, carente de meios.

Como diz Foucault (1979), toda relação de poder constitui um campo de saber, o qual assegura o exercício do poder. A função de policiar, ordenar e disciplinar, exercida pela instituição escolar, alia-se a um projeto de corpo que se adapte às exigências de cada época. Estaríamos, assim, diante de uma outra estratégia política do poder disciplinar, aprimorando/adestrando as crianças e seu corpo para que se tornem adultos "produtivos e já colocados em certos postos".

Nesse sentido, a escola implementa certas práticas (pedagógicas/disciplinares/de controle) que se espalham e se infiltram na família.

5. A MODELIZAÇÃO DAS DISCIPLINAS FAMILIARES PELA INSTITUIÇÃO ESCOLAR

A família é o lugar em que vão se articular as práticas e categorizações provenientes tanto do poder médico quanto da instituição escolar. É dessa articulação que resulta a produção de um lugar da criança na família, enquanto "corpo" a ser cuidado, vigiado, adestrado.

É nesse movimento que se engendra o "sentimento familiar", e o estudo de sua proveniência, como diz Foucault (1979), não tem o intuito de definir suas características essenciais ou sua origem como uma identidade única. Ao contrário:

> A pesquisa da proveniência não funda, muito pelo contrário: ela agita o que se percebia imóvel, ela fragmenta o que se pensava unido; ela mostra a heterogeneidade do que se imaginava em conformidade consigo mesmo (1979:22).

Foucault já nos disse que a proveniência diz respeito ao corpo, pois é no corpo que se inscrevem os acontecimentos, nascem os desejos, os desfalecimentos e os erros. Portanto, o "corpo doente" da criança emerge a partir de sua história dentro da família, atravessada pelas ingerências da escola e do saber médico.

Segundo Ariès, até o século XVI a representação da família era quase inexistente; o que aparecia era a vida exterior, na rua. A vida era vivida em público; a intimidade era algo raro e as pessoas, crianças e adultos, senhores e criados, viviam misturadas umas às outras. A instância família não era vivida como sentimento ou valor.

Ariès constata que o nascimento desse sentimento se deu no fim do século XV e sofreu um desenvolvimento marcante até o século XVIII, paralelamente à emergência da noção da infância como uma fase específica que possui particularidades e necessidades próprias. Portanto, é a partir da representação da infância como um momento particular que, ao mesmo tempo, a instituição escolar e a família vão se delinear.

Na Idade Média o que existia de caráter familiar era o sentimento ou valorização da linhagem que se estendia aos laços de sangue sem levar em conta os valores nascidos da coabitação e da intimidade. Mas, a partir do século XIV, segundo Pelot[4], a família começa a se redesenhar através de um progressivo enfraquecimento do valor dos laços de linhagem e de seu correlato, a indivisão dos bens. Nesse processo, a figura do marido vai assumindo cada vez mais uma posição central, e é, portanto, em torno do poder paterno que a nova configuração da família vai se determinar:

> Enquanto se enfraqueciam os laços da linhagem, a autoridade do marido dentro de casa tornava-se maior e a mulher e os filhos se submetiam a ela mais estritamente. Esse movimento duplo, na medida em que foi o produto inconsciente e espontâneo do costume, manifesta sem dúvida uma mudança nos hábitos e nas condições sociais [...] (Ariès, 1981:214).

Segundo Ariès, o surgimento da família conjugal moderna seria a conseqüência de uma evolução: a família tornou-se a célula social, base dos Estados e adquiriu o valor outrora atribuído à linhagem.

A emergência da infância como uma fase distinta de outros períodos da vida, a preocupação com um maior rigor na educação e a conseqüente necessidade de vigilância dos filhos transformam as relações internas da família e, dessa forma, a vida familiar adquire uma outra importância.

A partir do século XV, como vimos, inicia-se uma revolução lenta e duradoura, cujo sintoma mais evidente era a extensão da freqüência escolar. A escola se torna um instrumento de passagem do estado da infância ao do adulto, como resposta a uma nova necessidade de rigor moral na formação da criança,

---

4. Pelot, P. La famille en France sous l'Ancien Regime, In: *Sociologie Comparée de la famille contemporaine*. Colloques du CNRS, 1955. Apud Ariès (1981).

isolando-a da convivência com o adulto. Ao mesmo tempo, responde também à nova necessidade dos pais de vigiar seus filhos, não os abandonando aos cuidados de outros.

A família, portanto, se organizou em torno da criança retirando-a, junto com a escola, do convívio com os adultos e confinando-a num regime disciplinar cada vez mais rigoroso. No século XVIII, quando essa organização familiar se consolida, ergue-se o muro que separa a vida privada da pública, a família da sociedade.

A família moderna se consolida na medida em que a sociabilidade se retrai; a vida familiar vem substituir as antigas relações sociais ampliadas. Nasce, assim, uma necessidade de intimidade e de identidade, de união pelo sentimento, o costume e o gênero de vida, como fenômeno típico do meio burguês:

> A alta nobreza e o povo, situados nas duas extremidades da escala social, conservaram por mais tempo as boas maneiras tradicionais, e permaneceram indiferentes à pressão exterior. As classes populares mantiveram até quase nossos dias esse gosto pela multidão (Ariès, 1981:278).

Esse modelo burguês de família implica o surgimento de uma função moral e espiritual que ela passa a assumir na formação dos corpos e almas de seus filhos. É nesse processo que vão se constituir, em primeiro lugar, o vínculo família/escola e, mais tarde, o vínculo família/medicina.

A família moderna é, portanto, inseparável de uma nova prática que substitui a aprendizagem tradicional, informal, pela escolarização:

> Os tratados de educação do século XVII insistem nos deveres dos pais relativos à escolha do colégio e do preceptor, e à supervisão dos estudos, à repetição das lições, quando a criança vinha dormir em casa (idem:232).

6. A INSTITUIÇÃO MÉDICA E A CONSTRUÇÃO DAS DISCIPLINAS FAMILIARES

A partir de meados do século XVIII aparece uma ampla série de manuais sobre a conservação das crianças, escritos por médicos inicialmente e depois por administradores e militares, questionando os costumes educativos do século. Tais textos criticavam o costume freqüente da parte pobre do corpo social de abandonar as crianças em orfanatos mantidos pelo Estado, onde a mortalidade infantil era elevada. Também denunciavam as práticas exercidas com crianças ricas.

> A educação dos filhos ricos padece do fato de ser confiada a serviçais que utilizam uma mistura de opressões e de intimidades que são impróprias para assegurarem o desenvolvimento dessas crianças, como prova o hábito de enfaixá-las. Ou ainda o hábito de confiar a serviçais todas as tarefas práticas, que estão na origem de uma certa educação corporal das crianças ricas, destinando-as exclusivamente ao prazer, ao adorno, como, por exemplo, o papel das cintas para adolescentes (Donzelot, 1986:18).

A literatura criticava, assim, no caso das crianças mais abastadas, a organização do corpo com vistas ao uso estritamente perdulário, pelo refinamento de procedimentos que fazem dele um puro princípio de prazer.

Ambos os discursos, quer aquele que criticava o abandono das crianças pobres em orfanatos, quer aquele que denunciava as coerções sofridas pelas crianças de famílias ricas, incitavam à conservação das crianças, tendo como premissa a correlação entre produção de riqueza e tratamento do corpo. Hoje em dia, poderíamos dizer que o discurso no hospital se potencializa na relação entre produção de conhecimento — saber-poder — e tratamento do corpo.

O objetivo do pensamento médico e educador tinha, de um lado, a finalidade de impedir o efeito maléfico da criadagem sobre as crianças e, do outro, estimular as famílias que entregavam seus filhos aos cuidados do Estado a assumir a educação deles.

A preocupação com o cuidado das crianças e a revalorização da educação no século XVIII, segundo Donzelot (1986), giram em torno de dois pólos bem distintos.

> O primeiro tem por eixo a difusão da medicina doméstica, ou seja, um conjunto de técnicas que devem permitir às classes burguesas tirar seus filhos da influência negativa dos serviçais e colocar esses serviçais sob a vigilância dos pais. O segundo poderia agrupar, sob a etiqueta de "economia social", todas as formas de direção da vida dos pobres com o objetivo de diminuir o custo social de sua reprodução, de obter um número desejável de trabalhadores com um mínimo de gastos públicos, em suma, o que se convencionou chamar de filantropia (1986:45).

No século XVIII, os abundantes manuais que proliferaram continham guias e dicionários médicos, e expunham uma doutrina médica e moral educativa. No século XIX, limitam-se a conselhos imperativos, pois havia caído por terra a concepção maquinística[5] do corpo, assim desaparecendo a congruência perfeita entre doutrina médica e moral educativa.

Surge, no entanto, no âmbito médico, o receio de uma vulgarização apressada das análises médicas, com o perigo de as pessoas se sentirem capazes de tratarem a si mesmas como o médico. É nesse quadro que vai se instaurar, nessa época, a figura do médico de família e, com essa prática, surge uma aliança importante entre o médico e a mãe, que executará os preceitos, o que repercutirá na organização da vida familiar. Donzelot constata três conseqüências fundamentais:

> 1. O fechamento da família contra as influências negativas do antigo meio educativo, contra os métodos e os preconceitos

---
5. Usei o termo "maquinística" no sentido de mecânico.

dos serviçais, contra todos os efeitos das promiscuidades sociais; 2. a constituição de uma aliança privilegiada com a mãe, portadora de uma promoção da mulher por causa deste reconhecimento de sua utilidade educativa; 3. a utilização da família pelo médico contra as antigas estruturas de ensino, a disciplina religiosa, o hábito do internato (1986:23).

Essa aliança significou uma derrota da hegemonia da medicina popular, ao mesmo tempo que concedia à mulher burguesa, por intermédio da ênfase nas funções maternas, a conquista de um poder na esfera doméstica, com as funções de educadora e auxiliar do médico.

As famílias pobres sofreram outro tipo de intervenção. Existia, paralelamente à necessidade da difusão dos preceitos higiênicos, a preocupação com a economia social. A conservação das crianças não se baseava em proteções discretas da ordem da higiene e da moral, mas se apoiava numa vigilância direta.

> Não se trata mais de arrancar das crianças as coerções inábeis, mas sim de entravar liberdades assumidas (abandono de crianças em hospícios para menores, abandono disfarçado em nutrizes), de controlar uniões livres (desenvolvimento do concubinato com a urbanização na primeira metade do século XIX), de impedir linhas de fuga (vagabundagem dos indivíduos, particularmente das crianças) (Donzelot, 1986:27)

O poder médico que passa a modelizar as disciplinas familiares se constitui em articulação com outras instituições. Na medida em que o poder familiar se fortalece, cresce a polícia, cuja finalidade é oferecer proteção e tranqüilidade às famílias, encarregando-se dos rebeldes e das escórias da família. O que perturba a ordem familiar são os filhos adulterinos, os menores rebeldes, as moças de má reputação, ou seja, tudo aquilo que possa denegrir a reputação e a posição social da família. O que incomoda o Estado é o desperdício de forças vivas, são os indivíduos inutilizados ou inúteis.

Tanto o Estado quanto a família convergiam no interesse em se desfazer dos indesejáveis; para a família, a segregação em instituições das escórias, dos rebeldes, significava um alívio; para o Estado, o que importava era garantir melhores resultados na função atribuída à família, de conservação dos indivíduos e de sua força produtiva:

> Superfície de absorção dos indesejáveis da ordem familiar, os hospitais gerais, os conventos, os hospícios servem de base estratégica para toda uma série de intervenções corretivas sobre a vida familiar. Esses lugares de reunião dos infortúnios, das misérias e dos fracassos facilitam a mobilização das energias filantrópicas, fornecendo-lhes um ponto de apoio, servindo-lhes de laboratório de observação das condutas populares, de base de lançamento de táticas próprias para contrariar seus efeitos socialmente negativos e reorganizar a família popular em função de imperativos econômico-sociais (idem:30).

O Estado encorajou cada vez mais, por meio de auxílios como o salário-família no início do século XIX, as mães de famílias populares a manterem seus próprios filhos. É dessa forma, como nutriz mandatada pelo Estado, que se constituem as mães menos abastadas. Elas recebiam da instância pública tanto uma remuneração quanto uma vigilância médico-social.

Tendo a noção de salubridade como carro-chefe, o Estado medicalizou suas ações políticas. A medicina higiênica disseminou-se, normatizando as famílias; as condutas higiênicas se equipararam às condutas virtuosas. A eliminação do micróbio, a assepsia e a limpeza, por exemplo, se convertiam em virtudes; a sujeira, propiciando as epidemias e o aparecimento de doenças, precisava ser combatida. As recomendações médicas não traduziam somente razões sanitárias, mas de forma estratégica levavam os indivíduos a compactuar e consolidar a ordem social, no caso, a ordem burguesa que dominava a classe médica. Questões como a masturbação, que a Igreja havia classificado como pecado, ganhavam no final do século XIX o *status* de condutas insalubres, que atentavam contra a saúde; ocorria o processo de fundamentação biológica da moral burguesa.

Barrán (1995), em seu estudo já mencionado sobre medicina e sociedade no Uruguai, afirma que, como conseqüência da moralização cristã-burguesa da classe médica, concebia-se a enfermidade como derivando de condutas "desviadas" e "imorais", ao passo que a saúde derivaria do respeito a valores éticos. Em sua pesquisa, constatou que em 1906 a Liga Uruguaia contra a Tuberculose recomendava como medidas profiláticas que:

> Deve existir completo descanso festivo y reposo nocturno, eliminarse los conventillos, focos perennes de varones enervados y declararse la guerra sobre todo a las prácticas nefandas, a las costumbres corruptoras que roban las horas de la noche, indispensables para el reposo necesario alucinando com frívolos pasatiempos la imaginación inquieta de la juventud veleidosa (1995:32).

No Brasil, o alto índice de mortalidade ocasionado pelos surtos epidêmicos e pela caótica situação sanitária levou, no século XIX, o Estado a buscar o auxílio da eficiência científica das medidas higiênicas para sua política de transformar os indivíduos em função das razões de Estado.[6]

---

6. Cf. J. F. Costa, *Ordem médica e norma familiar*. 2. ed., Rio de Janeiro; Graal, 1983.

SITUAÇÃO CLÍNICA 2

Sobre protocolos de pesquisa e tratamentos

Uma psicóloga, preocupada com o andamento do tratamento de uma criança e de sua mãe, procurou-me para discutir um episódio que a havia perturbado. Estava atendendo um menino de 4 anos com diagnóstico de constipação intestinal crônica. Eu havia feito esse encaminhamento e me lembrava dele: era uma criança bastante infantil (falava como bebê, e não parava quieto na cadeira, subindo e descendo dela), mas, em conseqüência de uma certa obesidade, muito grande para sua idade; tinha problemas de articulação foniátrica, o que dificultava sua comunicação com as pessoas. A constipação afligia a mãe mais do que qualquer outro aspecto do desenvolvimento; não se incomodava com a fala de "bebê"; eu até me perguntava se ela percebia o fato. A mãe queria uma solução rápida para a constipação, que incomodava a todos na família. V. passava os dias em casa bastante protegido do contato com outras crianças, e a mãe achava que era cedo para colocá-lo na escola.

No dia da sua consulta comigo, V. apresentava uma ferida conspícua na pele acima do lábio. Perguntei o que havia acontecido, e a mãe calmamente me respondeu que achava que V. havia se queimado na casa da tia, uns dias antes. A ferida não tinha o aspecto de queimadura, parecia uma micose. Sugeri à mãe que, na consulta com o médico gastroenterologista, que seria dali a dois dias, pedisse uma orientação a ele se a ferida não houvesse melhorado. A ferida estava "tão na cara" que imaginei que o médico não poderia deixar de notar.

Surpreendia-me o quanto a mãe se incomodava com a constipação e ignorava os outros aspectos do desenvolvimento do seu filho e de seu bem-estar. Pela idade do paciente e por uma divisão de atendimentos no setor, ele seria acompanhado por outra psicóloga. Pensei que, se o encaminhasse diretamente após a consulta para uma colega, a mãe não voltaria. Também achava importante que ele fosse avaliado por uma fonoaudióloga para tratar das dificuldades de comunicação que pareciam ser resultado de uma hipotonia muscular. Expliquei a importância da avaliação fonoaudiológica e entreguei à mãe uma guia de encaminhamento para marcação de consulta. Mesmo achando que talvez o encaminhamento para tantos especialistas não fosse o mais adequado no momento, resolvi manter esse procedimento e ao mesmo tempo marcar outras vezes para vê-lo. A próxima consulta comigo seria após à do referido médico.

Quando retornou, a ferida em seu rosto havia aumentado de tamanho, ocupando uma superfície maior de pele. O médico, segundo a mãe, não havia reparado no rosto da criança. Pensei: "A pele não faz parte do trato digestivo; ele precisa resolver os problemas gastroenterológicos!" A mãe não havia conversado com o médico a respeito da ferida. E eu sou psicóloga; "deveria estar trabalhando as resistências da mãe em olhar, cuidar de seu filho". Mas o impulso maior era o de procurar um colega médico que fizesse o diagnóstico e o medicasse. Eu estaria fazendo um *acting-out*, a palavra postergando o ato, já que o ato estava no lugar do pensar? Agir para não pensar? Não preciso estar no lugar do analista? Decidi procurar um médico com o consentimento da mãe. Os três gastroenterologistas que estavam na sala confirmaram que V. tinha uma micose. "Tem que passar Lamisil. Quem tem folha de prescrição?" Ninguém tinha. "Não precisa de receita para comprar." "No ambulatório, há amostra grátis."

Quando finalizei a consulta com a mãe, levei os dois até a enfermeira para que ela recebesse a orientação.

A mãe me informou que não havia procurado uma fonoaudióloga, pois o seu marido achava que os problemas passariam com o tempo; alegava que tinha uma sobrinha que havia tido problemas de fala e aos 10 anos havia começado a falar direito. O problema de V. era somente a perda das fezes da constipação. Ele voltou mais uma vez comigo e logo foi encaminhado para outra psicóloga. Voltei a saber de V. quando fui procurada por minha colega. Ele estava fazendo acompanhamento nutricional devido à obesidade e à constipação. A mãe achava difícil negar-lhe tantas vontades "orais". O tratamento clínico era uma tarefa árdua para ambos. O pai não concordava com a psicoterapia. A mãe, chorando, queixava-se de uma nova dieta — não ingerir derivados do leite, pois lhe haviam dito que seu filho poderia ser alérgico. Relatou que na última consulta, quando o seu médico saíra da sala por alguns instantes, uma outra médica havia entrado e iniciado um procedimento para testar se V. era alérgico ao leite. Enquanto realizava esse exame, sugeriu-lhe que suspendesse os produtos derivados do leite — iogurte, queijo, bolachas, manteiga, algumas margarinas, etc.

A mãe queixava-se de que, se seguisse todas as dietas ao mesmo tempo, não sobrariam alimentos para oferecer ao filho. A psicóloga procurou se informar sobre essa nova dieta, mas a maioria dos médicos não sabia do que se tratava e quem era a profissional que realizava os testes. A chefia do ambulatório, depois de alguns dias, nos informou que consistia em um protocolo de pesquisa proposto pela disciplina de Alergia, já que na literatura sobre o assunto constatava-se que uma minoria de pacientes com constipação intestinal crônica sofria de alergia ao leite. A chefia também nos informou que essa pesquisa havia sido aprovada pelo comitê de ética.[1]

Algumas semanas depois, durante uma sessão de grupo com alguns pacientes constipados na qual os pacientes faziam "brigadeiros com fibra", R., um dos meus pacientes, me advertiu: "Eu não posso comer mais isso porque tem leite condensado." Ele me relatou que havia sido abordado por uma médica na sala de espera e levado para fazer um teste de alergia. O resultado havia sido positivo, o que significava que era alérgico ao leite.

No final da sessão agrupei os pais e as crianças e perguntei quem havia sido submetido ao teste. Dentre seis pacientes presentes, quatro haviam participado do protocolo de pesquisa sem nenhuma informação nem pedido de consentimento. Expliquei que esse procedimento não fazia parte do tratamento, que pertencia a uma pesquisa e que tentaria procurar informações ou alguém que lhes explicasse do que se tratava, para que pudessem optar se queriam participar ou não.

Na consulta seguinte procurei o profissional da disciplina de Alergia; era um substituto da pessoa que desenvolvia o protocolo. Solicitei-lhe que explicasse aos pais e pacientes quais eram os princípios para essa pesquisa e como seria realizada. Ele aceitou e, de uma forma muito franca e honesta, esclareceu às famílias o objetivo e a origem da pesquisa.

Durante essa apresentação os pais fizeram perguntas, levantaram questões sobre a duração da pesquisa, a relação entre leite e constipação, etc. As crianças ouviram. Um dos pacientes, em tom de brincadeira, perguntou: "E leite de cabra, pode?"

---

1. O consentimento dos pais para participar da pesquisa é imprescindível quando uma criança é considerada sujeito de um protocolo de pesquisa.

Essa situação torna evidente de que forma muitos médicos se apropriam do corpo do paciente, como se ele lhes pertencesse. Solicitar o consentimento dos pais para realizar um procedimento tornou-se mera formalidade exigida pelo Comitê de Ética. O desconforto da criança, aquilo que um novo procedimento pode significar para ela e para a família, o contexto no qual esse procedimento é realizado, seja esse contexto emocional, social, nutricional ou clínico, não importa. Esse dado sobre a reação do paciente a um teste freqüentemente é analisado de forma isolada, e não como parte de um sistema de relações entre os vários órgãos, dentro de um contexto emocional, social, cultural, etc.

Nesse caso, uma das questões que me chamou a atenção é de que ninguém olha ninguém: a mãe de V. olha para o intestino e para as fezes constipadas, mas não para o corpo que fala como um bebê, que engorda, que não pára quieto; o médico somente olha para o distúrbio gastroenterológico, o resto do corpo não interessa; os representantes da disciplina de Alergia procuram "corpos com constipação" para realizar o teste de alergia, sem se importar com a pessoa-corpo. Esse corpo está sempre em *off*.

Quis destacar, nessa situação, algumas formas de intervenção que foram experimentadas no intuito de ajudar a criança a se apropriar do seu corpo: tentou-se o encaminhamento de V. à fonoaudióloga para que o ajudasse a resgatar sua fala e a capacidade de se comunicar com os outros de forma mais adequada para a sua idade; procurou-se ajudar a mãe a olhar para o corpo da criança, na medida em que lhe foi ressaltada a importância de procurar uma fonoaudióloga e um médico por causa da ferida na boca; foram esclarecidas aos pais as diferenças entre pesquisa e tratamento, e lhes foi dada a oportunidade de interrogar o médico sobre a pesquisa, de se posicionar diante do tratamento e ter autonomia para decidir junto com o filho sobre seu corpo.

CAPÍTULO II

O OLHAR DA PSICANÁLISE:
OS SENTIDOS NO CORPO SEXUAL

1. Introdução

No capítulo anterior, procurei descrever e problematizar os efeitos das práticas médico-científicas em relação ao corpo em sofrimento no estabelecimento hospitalar. Atitudes vigilantes por parte do pediatra, e da equipe de saúde em geral, entremeiam-se na terapêutica. Vimos que, no conceito de saúde, se insinuam técnicas e táticas médico-higiênicas que tentam disciplinar o corpo orgânico da criança, procurando a família como aliada.

Assim, a família e o médico, juntamente com a instituição escola, exercem sobre a criança e seu corpo um controle freqüentemente invisível, por meio de intervenções normativas em nome da saúde, do bem-estar e da educação. Tanto a vida familiar quanto a escolarização e os tratamentos clínicos impedem que a criança se aproprie do processo de aprendizagem, do seu próprio corpo, com suas funções e desequilíbrios.

O hospital, até alguns anos atrás, era concebido como o lugar do cuidado da dor orgânica por excelência. Mas o trabalho do psicólogo em relação à "dor psíquica" do paciente com doença orgânica foi sendo aí incorporado aos poucos e, hoje em dia, boa parte dos hospitais públicos conta com equipes de saúde das quais o psicólogo faz parte.

Aos *psis* no hospital chega a criança com um corpo fragilizado e "des-controlado", tutelado pelas ordens médica, escolar e familiar.

No ambulatório de Psicogastro[1], onde trabalho, chegam "corpos des-controlados" de formas diversas, encaminhados por nutricionistas, enfermeiras e médicos gastroenterologistas. Por exemplo, crianças com constipação intestinal funcional crônica encaminhadas por outras disciplinas ou instituições onde foram submetidas a tratamentos malsucedidos. Freqüentemente elas apresentam dificuldades para confiar no profissional e aderir ao tratamento clínico e nutricional. Em casa, resistem à vontade de evacuar, às vezes por medo de sentir dor, outras por razões que não sabem explicitar. O acompanhamento nutricional impõe, a essas crianças, a vigilância sobre os alimentos ingeridos, tendo em vista facilitar a evacuação. Por sua vez, o tratamento clínico consiste em administrar diferentes tipos de laxantes em doses elevadas, para amolecer as fezes endurecidas, difíceis de serem evacuadas. Uma das conseqüências desses procedimentos é que dificultam, para a criança, seu processo de resistência à evacuação.

Chegam, ainda, crianças com úlceras e gastrite, cujos médicos suspeitam de que é a dinâmica familiar conturbada na qual vivem que propicia o aparecimento dessas doenças. Encaminham-nos crianças com doenças cujo tratamento se baseia em dietas rígidas das quais algum alimento precisa ser excluído. E se a criança não melhora, freqüentemente suspeitam de que ela e/ou a família transgridem a dieta. Há também casos de crianças que nos são encaminhadas porque algum fator emocional "saltou aos olhos" do médico durante a consulta, como, por exemplo, crises de birra, recusa a ser examinado, agressões à mãe ou ao médico durante a consulta.

Pode-se dizer que tais situações são interpretadas pela equipe médica, em geral, como aquelas em que o emocional

---

1. Este foi o nome dado ao ambulatório da área de psicologia e psicopedagogia da disciplina de Gastropediatria do Departamento de Medicina da Universidade Federal de São Paulo.

"atrapalha" o tratamento, descontrola as funções "naturais" do corpo ou irrompe na consulta impedindo a atuação médica.

O que se espera do psicólogo é uma atuação que, em primeiro lugar, devolva à criança a capacidade produtiva desejada pela norma médica, o que poderá ter também, como efeito, o "restabelecimento da capacidade de atuação" do médico. Tal expectativa se põe, em geral, quando a criança não melhora, apesar de seguir as prescrições médicas; nesses casos, o clínico freqüentemente se sente impotente, não tendo o que fazer. Outras vezes, isso ocorre quando a mãe afirma ter seguido o tratamento à risca, mas o pediatra suspeita de que isso não aconteceu, pois a evolução da criança desmente a afirmação da mãe.

Uma boa parte dos médicos acha que sua função é "curar" doenças, isto é, diagnosticar uma enfermidade e tratá-la ou controlá-la, aplicando um método conhecido e em grande parte "invariável". As vicissitudes encontradas no percurso do tratamento que não dizem respeito ao conhecimento sobre a doença ou ao tratamento previsto deixam o pediatra "deslocado": se algo escapa ao campo da situação "médica", ele interpreta esse fenômeno como exterior a seu domínio.

Há também muitos pedidos de interconsulta, avaliação ou laudo psicológico, com o intuito de auxiliar a equipe médica em diagnósticos diferenciais; têm como finalidade discriminar se o sintoma é de origem orgânica ou emocional.

Outras vezes se requisita ao psicólogo que dê apoio ao paciente e à sua família, pois, freqüentemente, observa-se o que é denominado pela equipe médica de "descompensação" emocional, por causa do aparecimento da doença ou da agressividade do tratamento.

No que diz respeito à etiologia do distúrbio, quando se constata que a doença é de fundo orgânico, a equipe médica costuma se "apropriar" do órgão do paciente, da evolução do quadro e do tratamento. Quando o distúrbio é orgânico, a equipe médica sente que está diante daquilo que é da sua alçada. Ao constatar tal etiologia, o médico tem a sensação de um "já saber" o que e como vai acontecer, ressalvando-se, evidentemente, algumas variações de "indivíduo para indivíduo". Nesses casos, freqüentemente solicita-se ao psicólogo um acompanhamento para que o paciente e sua família aceitem o diagnóstico e o tratamento. Mas, mesmo nesses casos, são raras as equipes que permitem uma intervenção mais participativa do psicólogo no que diz respeito às mudanças nas condutas, como adiar um procedimento para outro momento, sugerir uma alta hospitalar por um fim de semana, quando se acredita que tal medida seja benéfica para a saúde emocional do paciente.

Podemos pensar que esse contraste entre uma possível etiologia orgânica ou emocional mantém o pressuposto da dicotomia cartesiana entre corpo e mente na abordagem da doença.

Quando não se constata "nada orgânico", ocorre, em primeiro lugar, uma frustração, tanto por parte do médico como do paciente. Para o médico, não ter achado "nada orgânico" significa, em muitos casos, que não há mais nada a fazer para a melhora do paciente. Sugere-se aí uma avaliação psicológica, que ele, médico, não tem, amiúde, interesse em acompanhar. O médico deixa transparecer, muitas vezes, um sentimento de fracasso por não ter tido sucesso na pesquisa diagnóstica. Às vezes, menospreza o sintoma, pois esse é "psicológico" e, portanto, ou não existe, ou é algo "inventado", "simulado" pelo paciente, tendo-o feito perder seu tempo. Outros, ao constatarem que a causa não é orgânica, não se interessam mais pelo paciente, pelo seu "órgão doente", pois o caráter emocional de um sintoma orgânico é visto como menos urgente, menos grave.

Quando o paciente é encaminhado para uma avaliação psicológica, freqüentemente mostra que se sente abandonado pelo médico na sua dor. Expressa também frustração ou raiva por haver dispendido tempo e dinheiro para não chegar a nada conclusivo.

Isso aponta para a existência de um "outro" corpo que sofre, que não é redutível ao biológico, do qual o médico já se desincumbiu. A expectativa em relação ao psicólogo é de que ele lide com a emocionalidade do paciente, a qual, aparentemente, nada tem a ver com o corpo, mas que, de modo misterioso, age sobre este.

É interessante notar que o psicólogo atuará, amiúde, nessas circunstâncias, e pela forma como está inserido no contexto hospitalar, dentro da mesma ideologia médica, à procura da origem do sintoma, mantendo a relação causa-efeito, tal como o médico já havia feito. Constata-se muitas vezes esse modo de funcionamento, mesmo entre psicólogos que falam em nome de uma prática psicanalítica.

As contribuições da psicanálise merecem destaque especial quando se trata do trabalho psicoterapêutico feito ao mesmo tempo com o paciente que apresente distúrbio orgânico e com a equipe de profissionais que o atendem.

Sabemos que a psicanálise é um saber clínico produzido por Freud para responder às questões de um sofrimento orgânico que não apresentava correspondência ou justificativa anatomopatológica. O desafio era tentar pensar de outro modo a histeria que, apesar de não possuir uma etiologia orgânica, compunha-se como um quadro clínico dentro do saber anatomopatológico da época.

A partir da experiência clínica, inicialmente pela hipnose e depois por meio das relações terapêuticas, foi possível, primeiro a Charcot, depois a Breuer e Freud, constatar uma relação entre os sintomas orgânicos apresentados na histeria e a história de vida das pessoas. Assim desenvolveu-se a teoria de que as manifestações somáticas eram resultantes de conflitos psíquicos e não sinais de distúrbios anatomopatológicos.

Foi com os estudos sobre a histeria que Freud, em sua época, provocou uma ruptura na abordagem tradicional do sintoma corporal, tanto no método de investigação quanto na circunscrição do objeto que se lhe atribuía, introduzindo noções como a de inconsciente, sexualidade infantil e repressão, entre outras, de modo a dar conta de um regime de invisibilidade eficaz na produção de sintomas. É nesse sentido que se pode dizer que foi criado um novo campo de saber.

Contudo, ao mesmo tempo em que se instaura esse novo campo de saber, que provoca liberação e abertura para novas formas de conhecimento, coloca-se também a possibilidade de esse saber ser captado num novo regime, numa nova rede de saber-poder.

Os efeitos desse novo domínio foram amplamente estudados por Foucault (1993). Para ele, o desenvolvimento da psicanálise faz parte de uma tendência peculiar ao Ocidente, que teve início por volta do século XVII, e que incita à tarefa de

> dizer, de se dizer a si mesmo e de dizer a outrem, o mais freqüentemente possível, tudo o que se possa relacionar com o jogo dos prazeres, sensações e pensamentos inumeráveis que, através da alma e do corpo, tenham alguma afinidade com o sexo (p. 24).

A sexualidade é, para Foucault, uma construção histórica, um aspecto da vida cotidiana que ganha destaque a partir do século XVIII. Ela fala a respeito dos indivíduos, dos seus prazeres e fantasias ocultas, e passa a ser tomada como um referente biológico essencial do ser humano.

Ao contrário do que em geral se pensa, sua pesquisa revela que, nos séculos XVIII e XIX, mais que uma tendência a reprimir o sexo, a constrição em relação ao sexo se constituiu por meio da sua colocação em discurso. O que estava em jogo não era simplesmente a sua condenação, mas a tentativa de regulá-lo, inseri-lo em sistemas que o tornariam útil para a sociedade, fazê-lo funcionar segundo um padrão ótimo. As pessoas foram estimuladas a falar dele de forma codificada e controlada. Esse domínio do saber sobre o sexo localizou-se no discurso por dispositivos que tornavam tais discursos suscetíveis de funcionar como incitação política, econômica e técnica.

O século XVIII trouxe como novidade a formulação de um discurso sobre o sexo sob o prisma da racionalidade. Fala-se, a partir de então, sobre o sexo não como algo a se

> condenar ou tolerar mas gerir, inserir em sistemas de utilidade, regular para o bem de todos, fazer funcionar segundo um padrão ótimo. O sexo não se julga apenas, administra-se. Sobreleva-se ao poder público, exige procedimentos de gestão; deve ser assumido por discursos analíticos (p. 27).

No século XVIII, cresce o interesse em relação às características da "população" e ao seu bem-estar. A vida sexual adquire um valor econômico e político; os Estados percebem que fenômenos específicos da população devem ser conhecidos, vigiados, cuidados, e pouco a pouco são introduzidas formas de intervenção na vida sexual da população.

Foucault ressalta que a natalidade, a fecundidade, a esperança de vida, a morbidade, o estado de saúde, a incidência das doenças, a forma de alimentação e de hábitat, embora variáveis próprias da população e produto dos movimentos inerentes à vida, passam a ser objeto de regulação pelas instituições.

Iniciou-se o registro e a análise de fenômenos como a taxa de natalidade, tempo de casamento, nascimentos legítimos e ilegítimos, a freqüência das relações sexuais, a maneira de torná-las fecundas ou estéreis, o efeito do celibato ou das interdições, a incidência das práticas contraceptivas, etc. Dessa forma, tem início um processo no qual o sexo é posto sob estreita vigilância, por meio de dispositivos criados para ouvir, interrogar, registrar e observar os prazeres. A economia, a demografia, a administração pública, a pedagogia e a medicina incitavam, organizavam e institucionalizavam a pluralidade de discursos que surgiam.

Para Foucault, é a primeira vez que uma sociedade, de forma sistemática, afirma que

> seu futuro e sua fortuna estão ligados não somente ao número e à virtude dos cidadãos, não apenas às regras de casamentos e à sua organização familiar, mas à maneira como cada qual usa seu sexo (Foucault, 1993:29).

Possibilita-se, assim, que o cotidiano da sexualidade passe a ser objeto de uma intervenção médica, de um exame clínico e até de uma elaboração teórica.

Se a confissão, a partir da preocupação cristã, oferecia uma oportunidade eficaz para se conhecer a alma do indivíduo, a "incitação a falar sobre o sexo" por meio da confissão perdura nos séculos XIX e XX, mas se transforma e adquire formas científicas.

A medicina do sexo se separa da medicina do corpo e surgem as ciências do sexual solidificadas pela psiquiatria, psicologia, pedagogia e psicanálise. Foucault descreve cinco maneiras que demonstram como a confissão sexual se constituiu como técnica científica. A primeira, por meio da instalação da codificação clínica do "fazer falar" para alguém que escuta. A confissão combinou-se à narração de si mesmo, ao interrogatório, à hipnose como evocação de lembranças, às associações livres. A sexualidade é colocada em discurso, por meio da confissão, como forma de produção de verdade. Surgem aqueles que afirmam ser capazes de extrair essa verdade pela interpretação, já que o sexual funciona de forma obscura e oculta. Uma segunda forma de tornar a confissão uma técnica científica é por intermédio do postulado de uma causalidade geral e difusa. Dever dizer "tudo" e interrogar sobre "tudo" serão justificados a partir da afirmação de que o sexo possui um poder causal, capaz de produzir os mais variados sintomas. Terceiro, declara-se o princípio de uma latência essencial à sexualidade. O sexo por natureza se esquiva, se escapa, possui um funcionamento obscuro; é necessário um especialista experiente para "arrancar" a verdade à força. Quarto, estabelece-se um método interpretativo para obter essa verdade. A pessoa não revela a verdade de forma clara, como mencionamos no terceiro ponto; ela é narrada de forma incompleta, a ser decifrada. Aquele que escuta, por meio de sua função hermenêutica, constituirá um discurso de verdade. Por último, medicalizam-se os efeitos da confissão. O domínio do sexo se afasta do registro moral, da culpa, do pecado e será classificado como patológico, nosologicamente captado no regime do normal. Assim, diz Foucault (1993):

> define-se, pela primeira vez, uma morbidez própria do sexual; o sexo aparece como um campo de alta fragilidade patológica: superfície de repercussão para outras doenças, mas também centro de uma nosografia própria, a do instinto, das tendências, das imagens, do prazer e da conduta (p. 66).

Embora Foucault destaque a psicanálise das outras ciências, por ser a prática que mais resistiu ao biologismo do "instinto" sexual, observa, contudo, que tanto o método e o objeto da psicanálise quanto esse novo regime de visibilidade — a sexualidade — e a sua conseqüente medicalização significaram uma aproximação das tecnologias disciplinares dos corpos.

Se é verdade que com o novo estatuto atribuído à histeria foi possível considerar uma nova relação com o corpo do sujeito, corpo este não mais anatômico mas sim simbólico (como veremos mais adiante), acredito que, pelo fato de o início da construção da psicanálise ter se dado pelo estudo da histeria (por sintomas orgânicos), e por esta ser considerada uma neurose e não uma doença psicossomática, isso tenha influenciado muito, e venha influenciando até hoje, o trabalho dos *psis* quando confrontados com as doenças orgânicas nos hospitais.

O que se constata na prática hospitalar é que muitos dos postulados psicanalíticos, como a equivalência simbólica do sintoma, o sintoma como expressão de um conflito edipiano e outros, que foram forjados para edificar uma teoria da neurose, são utilizados indiscriminadamente na prática psicoterapêutica hospitalar, ou seja, em qualquer situação em que o orgânico não consegue explicar a manifestação somática. Nesse sentido, mantém-se a mesma relação hegemônica da medicina: primeiro a de um saber sobre um corpo anatomopatológico, depois a de um saber sobre o corpo simbólico.

Isso, de certa forma, levou, ao longo do tempo, à cristalização da identidade dos profissionais *psi* como aqueles que se ocupam de uma busca em nome da interpretação de uma verdade sobre o sujeito, verdade sempre "oculta", não mais no órgão, mas na fala do sujeito.

Ao mesmo tempo, constatamos que mesmo os que criticam essa postura, e que buscam uma nova forma de atuação do *psi* nesse campo da doença mental, em geral recaem na questão formal do atendimento e não no que está em jogo na situação. Ou seja, muitos entendem que o modelo psicoterapêutico tradicional, desenvolvido preferencialmente nos consultórios particulares nos quais prevalece uma escuta dirigida ao sofrimento mental, e que está ao alcance dos *psis*, de modo geral não atende às demandas e necessidades da instituição. É o que aponta Rosalina Carvalho da Silva:

> É por identificar a prática psicoterapêutica como sinônimo de atuação clínica que o modelo único de atuação tem sido mantido e imposto aos diferentes níveis de atenção em saúde, sejam eles primários, secundários ou terciários. Isto é, independentemente dos tipos de serviços e de suas necessidades, a psicologia tem em geral tentado exercer um único modo de atuar através dos atendimentos psicoterápicos de seguimento contínuo e/ou prolongado. Esse modelo, em geral privilegiado na formação profissional da área clínica, pode sem dúvida estar bem adaptado ao exercício em clínicas autônomas ou mesmo em instituições públicas de caráter ambulatorial. Porém, será inadequado e até mesmo poderá tomar o lugar de outros níveis de atuações clínicas que se mostrem necessários em hospitais, centros de saúde etc.[2]

Penso, ao contrário, que não se trata simplesmente de mudar a forma de atendimento, já que esta se funda em concepções teórico-práticas que estabelecem modos de relação tanto entre os sujeitos como entre estes e suas doenças. O que se torna necessário é problematizar alguns pontos do discurso psicanalítico, bem como as marcas deixadas por ele, tanto no campo da psicossomática psicanalítica, especialmente presente nas práticas *psi* nos hospitais gerais, quanto no da medicina psicossomática, que tange à formação médica. É o que tentarei fazer ao longo deste capítulo.

Em primeiro lugar, procurarei descrever as rupturas provocadas pelo trabalho de Freud, já no final do século, na forma de investigação diagnóstica do sintoma somático na histeria. Em

---

2. In Muylaert, M. *Corpoafecto: O psicólogo no hospital geral*. São Paulo: Escuta, 1995. p. 21.

seguida, apresentarei algumas contribuições de autores que utilizaram a psicanálise e de outros que utilizaram a psicossomática para desenvolver trabalhos com pacientes com distúrbios orgânicos, procurando investigar como a estruturação do sujeito, na infância, produziu um quadro de distúrbios orgânicos.

Procurarei também problematizar os efeitos marcantes que produzem esses referenciais conceituais nas práticas psicoterapêuticas nos estabelecimentos de saúde pública, procurando expressar, assim, as reflexões que pontuaram minha trajetória pessoal como psicóloga em hospitais gerais. A meu ver, a hegemonia desses referenciais leva, amiúde, ao reducionismo do campo e dos modos de atuação possíveis e à inibição da experimentação e da invenção de novas formas de intervenção.

2. Freud e a ruptura psicanalítica

A perspectiva psicanalítica a partir dos estudos de Freud sobre a histeria introduz um salto fundamental no conceito de sintoma. A histérica, desde seu sofrimento corporal, sem lesão orgânica apreciável, contestava o conhecimento médico-científico do corpo humano. A relação causa-efeito própria da concepção médica não mais sustentava, nesses casos, a etiologia do sintoma corporal; assim, a perspectiva psicanalítica se constitui na consideração da complexidade da relação entre o corpo e o psíquico. Nesse sentido, podemos pensar que é de outro corpo, diferente do da medicina, que se trata nos casos de histeria.

Que corpo é este, o da histérica? Gantheret (1971) nos aponta para o fato de que o conceito de corpo, nos primeiros textos de Freud, surpreende, pois não é um corpo constatado por sua visibilidade neurobiológica, mas "uma imagem do corpo", um corpo construído através de representações.[3]

---

3. Cabe aqui uma nota a respeito da discussão, dentro da psicanálise, em relação ao conceito de representação, que se inicia a partir da década de 1980, após a publicação desse artigo de Gantheret. A psicanálise recebeu críticas

O autor, no meu entender, aponta para o potencial de um campo de investigação inaugurado por Charcot, e explorado em seguida por Breuer e Freud: a de um corpo que, longe da simulação, adoece e sofre, mas no qual nenhuma lesão orgânica é constatável. O campo da medicina, marcado por sua formação tecnicista, atém-se primordialmente à visibilidade do corpo tal como é oferecida por procedimentos diagnósticos ou pelo exame clínico. Poder pensar num corpo "construído" por representações introduz uma visão radicalmente oposta a esta. A verdade confiável para os médicos especialistas é palpável, visível ao olho ou através de instrumentos. Freud se atreve a introduzir, num meio exclusivamente científico, a verdade de um corpo invisível, que se furta ao olhar, inacessível aos meios considerados válidos para a ciência, mas tão eficaz a ponto de fazer o corpo sofrer. Nesse sentido é que essa posição irá implicar uma refutação das verdades hegemônicas médico-científicas constatadas por meio de procedimentos sacralizados e tomados como dados universais. Esse corpo construído, tão real quanto aquele constatado pelo médico, nos leva à noção de realidade psíquica.

Aceitar a existência desse "corpo construído" como uma realidade implicou o desenvolvimento da noção de realidade psíquica, à diferença de realidade material.

A conceituação do inconsciente — objeto da psicanálise — marca uma ruptura radical com a natureza do objeto das ciências naturais, pois rompe com a idéia de uma realidade constatada para estabelecer aquela de uma realidade construída, a do fantasma.

A afirmação freudiana de uma instância inconsciente, ou seja, de que a histérica fala de um corpo que foge ao controle da

---

contundentes por uma postura atribuída a ela, a de procurar uma racionalidade das emoções, ou seja, traduzir as emoções em "idéias". Como conseqüência, desenvolveram-se trabalhos de revisão das traduções do texto original de Freud em alemão. Há várias palavras em alemão que se traduziriam por representação. Mas "Vorstellung", a palavra utilizada por Freud, aponta mais para uma "apresentação", ou para a forma por meio da qual se apresenta uma emoção, do que para uma representação, o que implicaria uma reprodução ideal de emoção ou afeto.

lógica racional, que transgride as leis da anatomia, permitiu novas leituras para o sintoma corporal, como também a postulação daquilo que se constituía como a grande ruptura — a noção de inconsciente.

A partir daí, Freud (1969) introduz uma nova direção na terapêutica dos sintomas que ele define como neuróticos:

> Os sintomas neuróticos, como as parapraxias e os sonhos, possuem um *sentido*[4] e têm íntima conexão com as experiências do paciente.

Esse sentido, nos sintomas corporais histéricos (ou neuróticos, como serão definidos pelo próprio Freud mais adiante), se encontra calado, reprimido. "Quem fala" é, então, o corpo por meio de seu sofrimento. Mas a questão que será colocada pela psicanálise é a de investigar como ocorre a passagem de um conflito psíquico para uma manifestação somática.

Já nos escritos anteriores à virada do século Freud tenta descrever essa passagem (do psíquico para o somático na histeria) desenvolvendo a noção de conversão. É quando uma experiência traumática, intolerável para o indivíduo, se resolve ao ser convertida em sintomas somáticos, sem que haja qualquer lesão orgânica. Segundo Laplanche e Pontalis (1977), o mecanismo da conversão

> consiste numa transposição de um conflito psíquico e numa tentativa de resolução deste em sintomas somáticos, motores (paralisias, por exemplo), ou sensitivos (anestesias ou dores localizadas, por exemplo) (1977:148).

Nessa concepção, a conversão ocorre somente como o mecanismo de passagem. A explicação ainda não foi dada, pois a questão que resta responder é o que faz alguém resolver o conflito pela conversão.

---

4. O grifo é meu.

A conversão é uma categoria de interpretação relacionada a uma concepção econômica do aparelho psíquico — pois, como apontam os autores, a libido[5] desliga-se da representação recalcada[6] e se converte em energia de inervação somática —, mas é inseparável de uma concepção simbólica, pois:

> Nos sintomas corporais há representações recalcadas que "falam", deformadas pelos mecanismos de condensação[7] e do deslocamento[8] (idem:148).

A histeria e, logo a seguir, a neurose obsessiva serão classificadas por Freud como neuroses de defesa, em que o indivíduo se defenderá de representações intoleráveis reprimindo-as, o que poderá acarretar, como conseqüência desse processo, a formação do sintoma.

Embora a conversão seja um sintoma neurótico, um mecanismo de formação de sintomas neuróticos, esse conceito tem sido usado amplamente nas abordagens das pesquisas no campo

---

5. "*Libido*: Energia postulada por Freud como substrato das transformações da pulsão sexual quanto ao objeto (deslocamentos dos investimentos), quanto ao alvo (sublimação, por exemplo) e quanto à fonte da excitação sexual (diversidade das zonas erógenas)." In Laplanche, J.; Pontalis, J. B. *Vocabulário de psicanálise*. 3 ed. São Paulo: Martins Fontes, 1977. p. 343.

6. "*Recalcamento ou recalque*: operação pela qual o indivíduo procura repelir ou manter no inconsciente representações (pensamentos, imagens, recordações) ligadas a uma pulsão [...] Produz-se nos casos em que a satisfação de uma pulsão — suscetível de por si mesma proporcionar prazer — ameaçaria provocar desprazer relativamente a outras exigências." idem, p. 553.

7. "*Condensação*: um dos modos essenciais do funcionamento dos processos inconscientes e também operantes no sintoma; uma representação única representa por si só várias cadeias associativas, em cuja interseção se encontra. Do ponto de vista econômico, é então investida das energias que, ligadas a estas diferentes cadeias, se adicionam nela." idem, p. 129.

8. "*Deslocamento*: fato de a acentuação, o interesse, a intensidade de uma representação ser suscetível de se soltar dela para passar a outras representações originariamente pouco intensas, ligadas à primeira por uma cadeia associativa." idem, p. 162.

da psicossomática, principalmente com o intuito de procurar o(s) sentido(s) das manifestações corporais. Houve, no entanto, uma preocupação, presente já em Freud, de tentar delimitar esse campo. A conversão estaria restrita aos processos ligados à formação de sintomas histéricos, enquanto os sintomas somáticos apresentariam outras características, exigindo, portanto, a consideração de novas perspectivas.

Sabemos que, para o médico, os órgãos possuem uma ou mais funções específicas, "dadas" pela natureza e, nesse aspecto, são impermeáveis a intervenção ou trabalho do homem. Um desvio de função, a serviço de um prazer inconsciente, é impensável dentro dos critérios daquilo que é considerado saudável.

O trabalho freudiano, em torno do conceito de zonas erógenas[9], possibilita-nos, no entanto, pensar na clínica do corpo doente e nos desdobramentos das funções ou finalidades dos órgãos questionando-as quanto ao seu "naturalismo".

As diferentes zonas corporais, desde o nascimento, são estimuladas por meio da satisfação das necessidades fisiológicas do bebê, bem como pelas impressões prazerosas dessas experiências. Havendo registrado tais experiências de satisfação/prazer, o bebê tentará repeti-las independentemente da necessidade fisiológica vital. Com freqüência, à época do desmame, quando conseqüentemente é introduzido na dieta da criança um alimento diferente do leite materno, este é sentido por ela como extremamente ameaçador ou desprazeroso; ela, então, poderá desenvolver quadros de intolerância ou distúrbio alimentar, sem apresentar qualquer lesão orgânica que explique tal reação.

É o caso, por exemplo, das crianças pequenas que se recusam a comer ou a ingerir comida sólida. O aparelho digestivo se desvia de sua função pondo em jogo outros aspectos como, por exemplo, a dinâmica familiar e o controle recíproco entre mãe e filho. Nesses casos, a busca do prazer norteia a função do órgão, mesmo que isso envolva um prejuízo à saúde. É também o caso

---

9. "*Zona erógena*: qualquer região do revestimento cutâneo-mucoso suscetível de uma excitação de tipo sexual." idem, p. 691.

da constipação, em que prender as fezes adquire um sentido vital para a criança, que com isso exerce um controle sobre os pais.

Apesar de a criança, nesses exemplos, não apresentar nenhuma lesão orgânica apreciável, ela põe em risco sua sobrevivência. A função do órgão, a autoconservação, é desviada do seu caminho "natural": alimentar-se no primeiro exemplo, evacuar no segundo. A função corporal imprime marcas de prazer não redutíveis à simples satisfação da necessidade. É nesse sentido que se poderia dizer que o órgão entrou no circuito do prazer.

O médico, no entanto, é forçado a excluir o aspecto do "prazer" de sua prática, pois as exigências científicas nas quais sua formação se fundamenta dificultam a comprovação da interferência desse aspecto nas moléstias dos pacientes; essa dificuldade, segundo os métodos experimentais da ciência médica, faz com que tais hipóteses sejam consideradas pouco verdadeiras. O órgão, assim, permanece sendo concebido como essencialmente voltado à função de autoconservação.

3. PSICANÁLISE E SABER MÉDICO

As contribuições da psicanálise para a noção de uma anatomia imaginária e singular, em que os sintomas corporais são anunciações de conflitos internos da pessoa, se contrapõem à noção de anatomia da medicina, retida na memória como uma enciclopédia técnico-científica universal do corpo e vista como prova de que não há nada além daquilo que se vê e se nomeia.

Ao contrário da medicina, a psicanálise não prescinde do discurso do paciente. Clavreul (1978), na obra em que analisa uma ordem médica à luz da psicanálise, aponta para o fato de que, uma vez que a doença adquira um estatuto científico, ela se isola cada vez mais do paciente que a apresenta. É possível, então, fazer a distinção entre a doença tal como é definida pelo médico e aquela tal como é vivida pelo paciente.[10]

---

10. Lazlo, A. A. *Doenças do corpo, doenças da alma*. São Paulo: Escuta, 1996.

Tal dissociação, segundo Clavreul, é constituinte da ordem médica. O médico despossui o paciente daquela "desordem" subjetiva que é experimentada em seu corpo a fim de reintegrá-la de forma objetiva à ordem médica; mas, por outro lado, o próprio médico não é senhor do seu saber: antes é assujeitado à ordem médica. Assim, a relação médico-doente é substituída pela instituição médico-paciente. O médico constitui um anônimo representante da ordem médica, despossuído também da sua própria subjetividade. A relação do médico com o paciente não é o objeto de preocupação da medicina, já que esta delimitou seu campo por meio da metodologia científica que lhe é própria, tomando como seu objeto "a doença", e não o doente. Em conseqüência, o que se observa, em geral, é que o médico descarta a singularidade, as diferenças entre cada caso, em nome da assim chamada objetividade científica.

Para a psicanálise, ao contrário, as particularidades do paciente, seus comentários bizarros, suas associações equivocadas, suas perguntas "sem sentido", seus sonhos, seus atos falhos, ou seja, as formações do inconsciente são o seu objeto de atenção. Assim, afirma Lazlo:

> Ao fazer a escolha da "escuta" o psicanalista instaura uma outra posição não só muito diferente mas até mesmo oposta à do médico. O indivíduo, diante do psicanalista, apresentará um discurso que será levado em conta não objetivamente, mas como questões subjetivas que se articulam, e que devem conduzir não aos fatos mas às significações (1996:25).

Nesse sentido, podemos dizer que Freud introduziu, com a psicanálise, uma nova e importante mudança: a relação sujeito e doença, já que o paciente se torna um agente de seu próprio tratamento. A sua fala terá uma participação preponderante no seu processo terapêutico. Ele deixa de ser um paciente passivo, vítima de um evento alheio a si próprio, seja externo ou interno, na medida em que a doença passa a ser vista como um acontecimento ligado à sua história.

Vimos que Freud observou que os sintomas conversivos eram uma forma de resolução de um conflito — um conflito sempre erógeno. Os estudos psicanalíticos das conversões e dos distúrbios funcionais revelam um corpo que se manifesta não somente por meio das ações físicas e químicas do ambiente e do organismo, mas um corpo erogeneizado. Lazlo salienta:

> A sexualidade é a produtora dos avatares do corpo, e a psicossexualidade se revela como a verdadeira história que subjaz ao indivíduo, seja em sua mente, seja em seu corpo (1996:60).

Temos, então, um corpo que, além de biológico, é erogeneizado, e tal erogeneização se realiza na relação com o outro; um corpo onde se inscreveram marcas de prazer e desprazer. Constitui-se num corpo simbólico, um corpo que alude a um outro texto — o psíquico. O conflito psíquico intolerável é reprimido e deslocado para o corpo. Isto é improcessável para o médico que, na sua lógica médico-científica, não consegue compreender como um órgão pode funcionar contra si mesmo, governado por um outro princípio que não o de conservação — o de prazer. Nessa perspectiva, poderíamos dizer que o pensamento psicanalítico, de forma oposta à medicina, propõe um corpo simbólico, um corpo que expressa uma exterioridade; algo que está fora do anatômico, do fisiológico, mas age sobre ele. A prática médica não concebe essa simbolização.

Nesse sentido, o que Freud deixou claro é que seus estudos psicanalíticos fundamentavam apenas a formação de sintomas corporais considerados neuróticos. Sabemos que, já desde 1898, em *A sexualidade na etiologia das neuroses*, Freud havia mostrado que era necessário classificar as neuroses em dois grupos, a partir do diagnóstico da sintomatologia: de um lado, a neurastenia e a neurose de angústia, ou neuroses atuais; de outro, as psiconeuroses (histeria e obsessões). Essa classificação tornou-se necessária quando Freud observou dificuldades em fundamentar no recalque a formação de sintomas para outros quadros psicopatológicos, não histéricos; agrupou-os, então, na classe de "neuroses atuais".

Dessa forma, o campo para a pesquisa sobre os sintomas psicossomáticos, aqueles que não são mediados pela simbolização, ficou aberto. Vários autores retomarão o conceito de neurose atual, para a partir daí desenvolver a psicossomática psicanalítica.

4. ABORDAGENS PSICOSSOMÁTICAS DA DOENÇA

a) Surgimento da psicossomática

O surgimento da psicossomática produziu desdobramentos na clínica do corpo em sofrimento tanto no campo da medicina quanto no da psicanálise.

Embora seja imprecisa a determinação da origem da psicossomática, há um consenso entre os estudiosos da área de que foi o impacto dos estudos psicanalíticos que impulsionou a investigação do campo psicossomático.

Sabemos que até o século XVII a medicina não diferenciava a doença entre mental e corporal. Corpo e mente eram considerados uma unidade, e a doença era compreendida em seu sentido global, não se podendo isolá-la dos fenômenos que compunham a vida do homem.

A partir de Descartes, no entanto, a concepção moderna da distinção entre corpo e mente passa a afetar profundamente a ciência e, conseqüentemente, a medicina. A concepção de uma distância entre o funcionamento mental e o funcionamento corporal como conseqüência do dualismo corpo/mente, vai, então, gradativamente se difundir, até dominar as concepções da ciência médica.

Os princípios da taxonomia, próprios ao pensamento classificatório e descritivo da ciência moderna, exigiram uma conexão cada vez mais estrita entre a definição da doença e o seu tratamento. Com a descoberta dos agentes etiopatogênicos específicos, supera-se a visão global da doença em favor do princípio teórico segundo o qual cada doença pode ser atribuída a uma causa particular e determinada, e, freqüentemente, exterior ao homem.

No século XX, a descoberta de novas técnicas, o uso de aparelhagem avançada e a inauguração de novos campos de investigação exacerbaram a visão positivista do homem, levando ao abandono definitivo da concepção global da doença, que passa a ser considerada como pré-científica.

Mas, ainda no século XIX, em meio ao triunfo da concepção positivista na medicina, a histeria constituiu um quadro que se colocou como enigmático, pois parecia estar vinculado a uma área fronteiriça entre corpo e mente. Nesse sentido, a histeria deu ensejo a uma nova forma de investigação em que o estudo do corpo não pode mais se resumir à procura de alterações anatomopatológicas, como ocorre quando se examina um cadáver.

A idéia de uma medicina que estude essa área fronteiriça, no entanto, não contradiz a divisão "corpo e mente" pressuposta pela ciência médica, pois, à medida que o campo da psicossomática se impôs, a medicina, segundo Lazlo, apressou-se em incorporá-lo como uma nova especialidade. No entanto, como observa o autor:

> ela jamais poderá ser isso, porque ela é a restituição da idéia de globalidade que a medicina possuía até pelo menos o século XVIII e, de uma forma ainda mais significativa, ao tempo de Hipócrates. É evidente que não se pode propugnar um retorno, o que significaria evidente obscurantismo, mas pode-se, e deve-se, questionar o que do homem foi deixado de fora por uma medicina que o vê despedaçado, repartido no interior de suas especialidades (1996:60).

b) Medicina psicossomática

Dentre os desdobramentos que se deram no campo da investigação psicossomática, Lazlo, em sua pesquisa, ressalta o da medicina psicossomática, vastamente incorporada nos cursos de formação médica. Liderada por F. Alexander, da Escola de Chicago, essa pesquisa tenta aplicar os conceitos psicanalíticos no estudo do papel desempenhado pelas emoções no aparecimento das doenças.

Na sua concepção, a emoção não causa diretamente a doença, mas torna-se patogênica na medida em que traz à tona conflitos inconscientes e não encontra as vias normais pelas quais a emoção poderia se exprimir, e que se encontram bloqueadas ou proibidas (Lazlo, 1996:82).

Essa emoção patogênica, a emoção reprimida, poderia agir sobre os sistemas até o ponto de não somente produzir distúrbios funcionais, mas também causar lesões em órgãos.

A Hipótese da Especificidade, elaborada pela Escola de Chicago, levanta o fator da predisposição na aquisição da doença. Certas vulnerabilidades presentes na pessoa, de ordem social, ecológica, econômica, física, etc., poderiam confluir para determinar o adoecer de um órgão específico.

A medicina psicossomática procura uma etiologia psicogênica para a doença, que se deve juntar às causas estudadas pela medicina na determinação de um sintoma. Para essa especialidade, trata-se de fazer medicina, curar doenças, dando importância, na geração das doenças, às emoções. Não se trata, aqui, de buscar os sentidos dos sintomas, mas antes de buscar explicar uma emoção patogênica como resultante de fatores previsíveis e, portanto, possíveis de prevenção.

A medicina psicossomática recebeu um impulso decisivo das companhias de seguro, interessadas em avaliar a expectativa de vida em combinação com fatores psicológicos e sociais. Urge, na medicina psicossomática, atingir perfis psicológicos, em que, tipicamente, determinados órgãos reagem a determinadas tensões emocionais. As investigações seguem padrões positivistas, procurando relacionar doenças orgânicas, de forma cientificamente comprovável, a causas psicogênicas. É por isso que se pode dizer, como afirma Lazlo, que:

> a medicina psicossomática toma o sintoma não pelo seu valor simbólico, mas como algo mudo, uma somatização do afeto que não passa pela linguagem. A emoção "converte-se" numa resposta fisiológica, passando a perturbar o organismo (1996:85).

Desse ponto de vista, pode-se dizer que a medicina psicossomática opera um reducionismo do aspecto emocional ligado à doença. Sua tentativa de descrever e analisar os fatores emocionais sob os mesmos parâmetros em que se descrevem e analisam os fatores físicos conduz a um certo descrédito. Citado por Lazlo, Pires afirma que:

> A psicossomática surge como uma hipótese maldefinida à qual a equipe de saúde recorre quando a etiologia clínica não deu conta da causalidade (1996:89).

c) Psicossomática psicanalítica

A psicossomática como uma "derivação" do campo psicanalítico vem ganhando, gradualmente, forma e consistência, ampliando em grande medida a clínica do corpo doente. Cabe aqui indagar como se deu essa derivação, já que Freud não chegou a aprofundar os estudos nesse campo.

Freud, como apontamos anteriormente, havia classificado as histerias, mesmo aquelas que apresentavam manifestações corporais, como pertencendo ao campo das psiconeuroses. Isso se deveu ao fato, como o próprio termo indica, de que a etiologia dos sintomas estava sempre associada a um conflito psíquico recalcado, cujas raízes remontavam à história infantil do indivíduo. A sintomatologia pertencia à ordem do reprimido, daquelas representações que não chegavam à consciência, e que, portanto, procuravam um caminho somático para se manifestar. Assim, por meio da conversão, o conflito psíquico adquire uma expressão somática simbólica.

Mas, em 1898, na *Etiologia das neuroses*, Freud distinguiu, a partir das observações da sintomatologia somática, diferenças nos processos de formação de sintomas. Enquanto alguns sintomas somáticos sem lesão orgânica, como distúrbios psicogênicos da visão ou paralisias motoras, eram facilmente classificados como histéricos, outros, tais como fadiga física, cefaléias ou dispepsia, possuíam uma etiologia que os diferenciava. Esse grupo ele denominou neuroses atuais. Laplanche e Pontalis (1977) assinalam:

> a) A origem das neuroses atuais não deve ser procurada nos conflitos infantis, mas no presente; b) os sintomas não são, nelas, uma expressão simbólica e super-determinada, mas resultam diretamente da ausência ou da inadequação da satisfação sexual (1977:382).

Laplanche e Pontalis ressaltam o fato de que a etiologia não era, nesses casos, de ordem psíquica, mas somática. O fator etiológico pertencia ao domínio do sexual: seriam manifestações de uma ausência de descarga sexual ou de um apaziguamento desta, como, por exemplo, na masturbação. Aqui não era o mecanismo de conversão que intervinha na formação dos sintomas; portanto, a diferença consistia na ausência de mediação simbólica:

> Do ponto de vista terapêutico, estas opiniões levam à idéia de que as neuroses atuais nada têm a ver com a psicanálise, pois que aqui os sintomas não procedem de uma significação a elucidar (idem:382).

Freud abandonou gradualmente o campo das neuroses atuais, pois entendia que os sintomas dessas afecções operavam como decorrência de causas transitórias, locais e atuais; interessou-se em concentrar suas investigações em torno do conflito psíquico e do recalque, que o campo das psiconeuroses ampliava, com a conceituação do sentido inconsciente do sintoma. Esse grupo se constituiu, passo a passo, no campo próprio da psicanálise.

Mas a diferença, percebida por Freud, entre o processo de formação do sintoma das histerias e o das neuroses atuais, como sendo da ordem de uma ausência de simbolização, levaria vários estudiosos a fundamentar construções teóricas da psicossomática a partir do referencial psicanalítico.

Nesse sentido, podemos dizer que há, hoje em dia, entre vários estudiosos do campo da psicossomática, uma apropriação da noção freudiana de neuroses atuais como ponto de partida para se pensar a questão do sofrimento orgânico. É na ausência de simbolização como etiologia do sintoma psicossomático que se poderá estabelecer a ponte da psicossomática com a psicanálise, tal como foi formulada por Freud, já que o sintoma psicossomático não funcionaria como representação simbólica de um conflito psíquico; portanto, não se daria como retorno do recalcado, pois não se utiliza de qualquer mediação simbólica. Os psicossomatistas procurarão, então, uma causalidade psíquica das doenças psicossomáticas, compreendidas como testemunhas de uma história com registro corporal.

Muitos deles constataram, em suas pesquisas com pacientes que apresentavam manifestações somáticas, que o desenvolvimento das relações mãe-bebê constituíam um campo propício para a investigação da etiologia dos sintomas corporais. Aqui, voltamos ao aspecto da temporalidade na produção de sintomas. À diferença das neuroses atuais, esses autores constatam que os "traumas" procedem de um tempo precoce, pré-verbal. Dessa forma, opõem-se à etiologia como sendo da ordem de um sexual atual, ou, em outras palavras, posterior a uma maturidade sexual, como afirmava Freud. Daí surge a possibilidade de estabelecer a diferença entre a definição de neurose atual e a de doença psicossomática.

Desarmonias afetivas nas experiências precoces poderiam ocasionar falhas na elaboração psíquica de experiências no decorrer da vida, levando a pessoa a recorrer à somatização para se defender de conflitos intoleráveis, já que a manifestação somática é a primeira forma de reação de um sujeito. É facilmente observável perceber o desconforto de um bebê: ele chora, chuta, estremece, não dorme, sente cólicas, etc. O bebê mostra corporalmente aquilo que lhe causa sofrimento, pois seu psiquismo, ainda embrionário, impede-o de integrar a um nível psicológico as tensões às quais está submetido.

Na medida em que tais experiências vividas não atingem a ordem da representação — o que implicaria a possibilidade de serem recalcadas e, assim, retornar como um sintoma histérico —, o registro dessas experiências permanece no nível corporal, como inscrições ou marcas corporais, pertencendo, portanto, à ordem do irrepresentável.

Vale a pena notar que um dos representantes mais importantes da psicossomática psicanalítica de adulto, Dejours, a partir de 1995 faz tanto uma autocrítica quanto uma crítica aos demais estudiosos desta área. A partir de alguns insucessos na clínica com doentes portadores de enfermidades psicossomáticas, Dejours revê os pressupostos nos quais se apóia a Escola Psicossomática de Paris, principal representante da psicossomática psicanalítica.

Para o autor, esses pressupostos comportam alguns equívocos que incompatibilizam o campo da psicossomática psicanalítica com o da psicanálise. As noções que norteiam esse campo são as seguintes: a psicogênese das doenças somáticas, a causalidade endógena, a estrutura hierarquizada das funções e o princípio de previsibilidade.

Para os psicossomatistas, não somente as neuroses e as psicoses recorrem a uma causalidade psíquica, mas postulam também uma psicogênese das doenças somáticas. A psicogênese, por exemplo, pode-se condensar no conceito de somatização, o qual se opõe ao processo de mentalização. As psiconeuroses, ao contrário, são psicopatologias eminentemente psíquicas, cuja etiologia é de ordem da mediação simbólica. Do ponto de vista do autor, isso implica uma hierarquia das funções psíquicas e somáticas. Essa hierarquia supõe uma variação que vai do mais baixo nível, o biológico, até o mais alto, o psíquico. A somatização representa uma desorganização nessa hierarquia, ou, como o autor propõe, uma "desierarquização". O princípio de previsibilidade se concretiza na classificação psicossomática, que sustenta que há estruturas ou organizações mentais mais vulneráveis à somatização, o que, dessa forma, torna possíveis os prognósticos.

Uma outra noção psicossomática é a de causalidade endógena. Nesse pressuposto se pensam os conceitos de "terreno" e acontecimento. O terreno é principalmente psíquico e determinante no estabelecimento da causalidade de uma patologia somática, sendo o acontecimento um fator contingente. Essa noção se baseia na teoria do traumatismo como determinante das psiconeuroses.

Para Dejours, a atribuição de um valor previsível à organização mental constitui a primazia do intra-subjetivo (o terreno) sobre o intersubjetivo (o acontecimento, a relação com o outro).

> É também afirmar que as leis naturais e universais vinculam o funcionamento psíquico às doenças psicossomáticas. Em outras palavras, Marty associa a psicossomática e a análise do funcionamento psíquico à ordem epistemológica das ciências da natureza (1995:63).

Paradoxalmente, como conseqüência disso, a psicossomática psicanalítica, que se constituiu por contraste com a medicina psicossomática, acaba se aproximando das ciências empíricas.

Dejours sugere a revisão desses pressupostos psicossomáticos para compatibilizar a psicossomática psicanalítica à psicanálise. Para tanto, reabilita o conceito de acontecimento na sua capacidade de subverter a ordem estabelecida. Ou seja, os acontecimentos imprevisíveis e potencialmente mutativos, os mais significativos dos quais seriam os intersubjetivos, os encontros com os outros, derrocam o pressuposto de estrutura mental determinante. De acordo com o sentido que o acontecimento adquire para a pessoa, este será mais significativo no sentido de produzir mudanças do que uma organização mental preexistente.

Dejours considerará o sentido de um sintoma não como a causa ou a origem do problema, mas como o sentido que a situação adquire para o sujeito. O sofrimento, para ele, preexiste a qualquer doença, é existencial, não sendo possível eliminá-lo. Contudo, é viável transformar o destino desse sofrimento. Do seu ponto de vista, o sofrimento constitui algo vivido tanto de forma psíquica quanto corporal. O sofrimento, para ele, não é um afeto, é algo vivido na carne, e não existe um sofrimento sem corpo, puramente moral. Assim, Dejours propõe abandonar a idéia de causalidade psíquica, a fim de colocar a psicossomática num campo que se estende entre o sofrimento e o sentido, e não entre causa e doença. É desse ponto de vista, segundo Dejours, que se pode perguntar no que consiste o sofrimento subjetivo do sujeito atingido por uma doença somática.

Um outro ponto a ressaltar dessa crítica de Dejours à posição psicossomática é que, segundo ele, o sintoma somático não pode ser considerado como "acabado". Seu sentido é incompleto; não é algo que está aí, já dado, escondido, esperando ser revelado. Esse sentido será construído nos encontros com os outros. Dejours retoma, assim, o conceito psicanalítico de *après-coup*[11] neste olhar construtivista do sintoma.

As considerações de Dejours sobre a visão psicossomática são corajosas, pois as suas publicações anteriores a 1995 se aproximavam às de Marty, Fain e outros estudiosos do campo. Ao problematizar certos pressupostos tradicionais da psicossomática psicanalítica, como os de hierarquia e de previsibilidade, Dejours torna possível uma leitura não naturalista da doença psicossomática, perspectiva que desvencilha, a meu ver, o campo da psicossomática de certos "incômodos" teóricos.

Os transtornos psicossomáticos na infância segundo Békei

As contribuições, no cenário da psicossomática psicanalítica contemporânea, têm fundamentado, no meu entender, a prática dos *psis* tanto em seu processo de formação quanto na constituição de áreas de atuação com pacientes com distúrbios orgânicos.

---

11. Termo utilizado para traduzir *Nachträglichkeit*, substantivo inventado por Freud que expressa um conceito fundamental dentro da teoria freudiana. Freud demonstra que certos acontecimentos da infância podem se inscrever de forma difusa em algum lugar, não adquirindo um sentido acabado, completo, inclusive quase sem sentido algum, permanecendo como marcas ou pegadas. Posteriormente adquirirão sentido e poderão esclarecer de maneira retrospectiva o passado.

Para M. Békei[12], psicanalista argentina, a enfermidade psicossomática é uma defesa patológica do indivíduo contra a dor psíquica. Dentre as defesas patológicas, a autora a considera a mais auto-agressiva. É efeito de transtornos ocorridos na relação mãe-filho na fase pré-edipiana. Durante o período de diferenciação-individuação, uma falha na maternagem pode obstaculizar ou causar desorganização a ponto de provocar um distúrbio orgânico.

Vários psicossomatistas, como Békei, consideram que a relação mãe-filho pode interferir na capacidade de simbolização dos afetos do bebê já desde a primeira infância.

Na relação do tipo fusional mãe-bebê, segundo Békei, a mãe exerce uma função de sustentação da qual depende a vida do lactente. Esse tipo de contato íntimo da mãe com seu filho exige muita empatia por parte da mãe para captar e responder às necessidades que o bebê comunica por meio do seu corpo e de seus movimentos, por exemplo, chutes, estremecimentos, ou mediante sons não-verbais, como pranto, balbucio, etc.

Segundo a estudiosa, mães narcísicas não observam nem escutam os sinais do seu bebê, tampouco compreendem o que comunicam e, assim, administram os cuidados segundo suas próprias necessidades, violentando o *self* do seu filho. Impõem aquilo de que ele não necessita ou o priva daquilo que ele reclama. Isso pode acarretar conseqüências corporais diretas:

> Se ao bebê se lhe dá de comer quando não tem fome, cria-se uma resistência, que pode ser passiva — a inapetência, não engolir — ou ativa — o vômito, devolver aquilo que se lhe está forçando a ingerir. Não lhe dar quando necessita pode provocar hiperexcitação, insônia, auto-satisfação em forma de mericismo, reações de protesto que estão dirigidas à mãe, mas que atacam e debilitam a própria criança de forma direta, produzindo sintomas, e indireta, obstaculizando seu desenvolvimento (1984:77).

---

12. Békei, M. *Trastornos psicosomáticos en la niñez y la adolescencia*. Buenos Aires: Ediciones Nueva Visión, 1984.

Ao perceber que seus sinais não são reconhecidos, o bebê renuncia a continuar emitindo-os; ao mesmo tempo que se submete, bloqueia as atitudes que funcionam como sinais e constituem os elementos corporais dos quais o processo de simbolização se utiliza para formar equações simbólicas, proto-símbolos.

As condutas não-empáticas da mãe reforçam os sentimentos ambivalentes da criança, criando ressentimento e raiva, paralelamente a um sentimento de desamparo. Amor e ódio em relação à mãe entram em conflito. O ódio tende a ser negado e a agressão é dirigida a si mesmo: dessa forma, a criança adoece.

Békei descreve o distúrbio psicossomático como uma resposta corporal a uma privação sentida como traumática, sendo a única forma de responder à dor ou a um incômodo por parte do lactente. A resposta biológica não tem valor simbólico. Cita ainda McDougall: "O corpo psicossomático não fala, opera".[13]

A criança prossegue seu desenvolvimento, deixando enquistada a marca desse encontro com a mãe, por meio de um mecanismo de dissociação, o que provoca um empobrecimento da sua vida afetiva, já que os afetos ficaram fixados nessa marca. A relação mãe-filho, que continua viciada, interferirá na sua capacidade de simbolização.

> Uma mãe com falta de empatia impede de várias formas o desenvolvimento normal do processo de simbolização do seu filho. Se sobre-satura o bebê, não lhe dá a oportunidade de frustrar-se, de deprimir-se; não lhe deixa lugar para a representação da sua ausência. Se é muito severa e restritiva, inibe as atividades auto-eróticas de seu filho e bloqueia ao mesmo tempo as fantasias acompanhantes (Fain, 1971).[14] Se é tão narcísica que somente registra suas próprias necessidades e não os sinais que indicam os desejos do bebê, afoga todo intento de comunicação simbólica e de suas necessidades, tanto afetivas como corporais (Békei, 1984:79).

---

13. McDougall, J. *Plaidoyer pour une certaine normalité*. Paris: Gallimard, 1978. Apud Békei, M. *Trastornos psicosomáticos en la niñez y la adolescencia*. Buenos Aires: Nueva Visión, 1984.

14. Prélude a la vie fantasmatique. *Rev. Franc. Psichanal.*, 35, p. 291-364.

Békei afirma que ambos os casos resultam numa detenção do processo de simbolização da área afetiva, enquanto as funções egóicas continuam a se diferenciar. Esse tipo de paciente é, conseqüentemente, bastante "sobreadaptado", utilizando-se a definição cunhada por McDougall, à realidade externa, isto é, submetido à vontade dos outros, bom aluno, obediente, calmo, etc.

A autora destaca a observação de Marty, que descreve o paciente psicossomático como tendo um pensamento operatório, o que, em outras palavras, significa uma forma de relacionar-se com os outros deficitária e um modo peculiar de pensar. São crianças que apresentam falta de reação afetiva ante a perda de um objeto importante, ou de amor, e seus pensamentos são predominantemente colmados de detalhes dos acontecimentos de seu meio externo.[15]

Segundo Békei, são pacientes que sentem dificuldade de expressar sentimentos em palavras; quando sofrem alguma perda não registram a dor psíquica, mas produzem um sintoma somático. Respondem com seu corpo como o faziam quando eram bebês. O sintoma é, pois, funcional como o era em suas origens. O funcional poderá se transformar em orgânico quando a criança continua exposta ao estresse, ou enquanto a família, pelas suas próprias necessidades, perpetua as relações patológicas.

Num trabalho posterior, M. Békei[16] relata sua experiência de investigação clínica no Serviço de Psicopatologia do Hospital

---

15. Apesar de não achar necessário me estender aqui sobre a teoria de Marty, pois suas contribuições se referem, em grande medida, ao paciente adulto, gostaria de mencionar um outro conceito proposto pelo autor e que me será útil numa reflexão posterior, ainda neste capítulo. É a noção de "mentalização". Para Marty, esse conceito significa um tipo de medida das dimensões do aparelho psíquico. Diz respeito à "quantidade e à qualidade das representações psíquicas dos indivíduos". A mentalização protege o corpo por meio de representações existentes no pré-consciente que captam as descargas de excitação. Uma pessoa que apresente baixa mentalização ficará desprotegida nas mãos de uma linguagem "primitiva", somática. Cf. Ferraz, F. C. Das neuroses atuais à psicossomática. *Revista Percurso*, São Paulo, ano VIII, n. 16, p. 39. 1996.

16. Békei, M. *Lecturas de lo psicosomático*. Buenos Aires: Lugar Editorial, 1991.

P. de Elizalde, de Buenos Aires, com crianças portadoras de *Alopécia Areata* provenientes do setor de Dermatologia. Essa síndrome, cuja etiologia ainda comporta muita incerteza, consiste em perdas de cabelo isoladas no couro cabeludo. O vínculo mãe-filho foi estudado a partir de um enfoque psicanalítico e constataram-se três grandes grupos de mães que, segundo os autores da investigação, falharam na estimulação do processo de simbolização.

No primeiro grupo estavam as mães muito narcísicas, que careciam de empatia e tratavam o seu filho "como uma possessão que servia para completar suas necessidades pessoais".[17] Segundo Békei, essa classificação coincide com a de Fain (citado por Békei, 1984). O segundo grupo de mães era composto por mulheres depressivas, que desempenhavam suas funções maternas de forma mecânica, sem afeto, visando satisfazer às necessidades fisiológicas do bebê; são mães presentes de forma física, mas ausentes emocionalmente. Békei cita Kreisler como um autor que já havia descrito fenômenos psicossomáticos em crianças cujas mães sofriam de depressão. As formas de reação da criança à falta de afetividade materna podem levar a uma atonia afetiva global, apresentando freqüentemente hiperatividade. Ou, ao contrário, a uma falta de atividade, a uma comunicação empobrecida, com diminuição na gestualidade, ou seja, a uma redução de suas expressões vitais.

O último tipo de mães "psicossomatizantes"[18] constatado na investigação, porém sem descrição prévia na literatura, consistia em mulheres cujas características "patológicas" eram conseqüência de condições socioculturais desfavoráveis e que eram pouco "chamativas" no meio no qual viviam.

> Eram mulheres sobrecarregadas com tarefas múltiplas: trabalho no lar e fora, e a atenção a uma família numerosa. O nascimento de um filho a cada ano permitia apenas oferecer cuidados devidos à criança recém-nascida. As outras crianças sofriam

---

17. Békei. M. *Lecturas de lo psicosomático*. Buenos Aires: Lugar Editorial, 1991. p. 136.
18. Termo utilizado por Békei.

privação materna. Recebiam somente o fornecimento de suas exigências vitais, roupa e comida, que servia apenas para satisfazer suas necessidades básicas, mas não seus desejos, além de não poder alimentar suas fantasias (Békei, 1991:137).

Cabe aqui ressaltar a peculiaridade da posição de Békei no que diz respeito à idéia de que a relação mãe-filho pode propiciar a formação de uma estrutura psicossomática. Para a autora, embora os tipos de mães analisados tenham importância fundamental na formação de sintomas psicossomáticos, não constituem condição indispensável para o surgimento de tais sintomas.

A proposta psicossomática psicanalítica de Liberman et al.

Liberman et al. (1982), cujo trabalho constitui uma importante contribuição à psicossomática psicanalítica de linha kleiniana, denominam pacientes psicossomáticos aqueles que padecem de enfermidades orgânicas abrangendo distintos graus de comprometimento funcional somático, incluindo mesmo aqueles casos em que há um sério risco de vida.

Esses autores constataram que os pacientes psicossomáticos valorizam exageradamente o ambiente, submetendo-se a ele, e obliteram, assim, sua interioridade. Neles, o corpo, como fonte de necessidades e sensações, é postergado e submetido a uma exigência desmedida em relação ao seu rendimento e às demandas do meio. Nesses pacientes, dizem os autores:

> O sintoma é ao mesmo tempo o produto da estrita dissociação corpo/mente a que estes pacientes apelaram precocemente na sua evolução e uma tentativa de recuperação da unidade psicossomática, por meio da emergência do corpo, que se faz presente com seu sofrimento e seus requerimentos. É justamente a unidade psicossomática que nestas crianças está quebrada (1982:32).

Segundo os autores, há um fracasso simbólico subjacente à patologia psicossomática. O aparelho simbólico é comparado a um computador capaz de ler e transformar o que é lido em conceito, e de responder, após ter efetuado uma transformação do que recebe para o que decide responder. Existe desde o nascimento e se desenvolverá por meio da maturação biológica e da aprendizagem social. Ele articula mensagens procedentes das áreas perceptuais enteroceptivas (cinestésica, térmica, de dor e de equilíbrio) e exteroceptivas (inicialmente gustativa, olfativa e tátil, que são as de proximidade, e mais adiante a auditiva e a visual, que são as de distância).

Liberman descobriu que em seus pacientes psicossomáticos havia um reforçamento dos receptores exteroceptivos, em detrimento dos receptores enteroceptivos, que teriam sofrido uma perda precoce. Esses pacientes se afastam da sua interioridade por não conseguirem tolerar as ansiedades catastróficas às quais não achavam continente. Clinicamente, foram bebês "bonzinhos" e obedientes, e passavam muito rapidamente, no terceiro semestre de vida, para o estágio seguinte.

Nessas condições, o processo autêntico de simbolização se vê travado, conduzindo à tentativa de uma simbolização a partir dos receptores distais (vista e ouvido), o que acarreta uma aprendizagem mimética e "memorista", sem assimilação. É o que os autores denominam sobreadaptação:

> Sobreadaptação corresponde, para nós, a esse tipo de desenvolvimento acelerado, que produz um ajuste demasiado precoce entre registros perceptuais exteroceptivos distais e respostas motrizes e verbais (1982:39).

Isso é interessante pois, em geral, crianças que padecem de males psicossomáticos são aquelas das quais os pais se orgulham, consideradas por eles inteligentes e independentes para a idade. Nesse sentido, a queixa ao distúrbio somático gira em torno do prejuízo que este causa ao desenvolvimento acelerado da criança. A somatização é, então, sentida pela família como um fracasso ou uma desgraça, já que significa a destruição da onipotência da sobreadaptação. Assim, nos pacientes psicossomáticos, dizem os autores:

A patologia reside em que muitos dos ajustes que o paciente psicossomático exibe com respeito à realidade não são o resultado de registros simbólicos que se foram inscrevendo gradualmente como conseqüência da sucessiva elaboração de ansiedades paranóides e depressivas. São, ao contrário, respostas imitativas, logradas unicamente no aspecto formal, mediante identificações adesivas, mas às quais subjazem sérios fracassos de simbolização: correspondem aos problemas de pseudo-aprendizagem e pseudo-amadurecimento (1982:41).

Nesse quadro, o sintoma psicossomático aparece, pois, como uma tentativa de integração corpo/mente ao mesmo tempo em que testemunha o próprio fracasso dessa integração. É tarefa do analista, segundo os autores, outorgar significado a esse corpo que se quer fazer escutar pelos meios restringidos que tem à disposição: o órgão atingido.

Liberman et al. distinguem o sintoma somático da conversão histérica, que é definida por Laplanche e Pontalis como a transposição de um conflito psíquico como tentativa de sua resolução em sintomas somáticos, motores ou sensoriais.

O que é específico destes sintomas é seu significado simbólico: expressam com o corpo representações reprimidas (idem:46).

Os sintomas de conversão são transtornos transitórios em zonas corporais regidas pelo sistema nervoso central, sem que o corpo apresente uma doença. A tais sintomas subjaz uma dissociação mente/corpo, mas de natureza diferente daquela que ocorre na doença psicossomática. Segundo os autores, a conversão está centrada na repressão e no retorno do reprimido, e a trama emocional condensada no sintoma corresponde sempre a situações triangulares edípicas e contém sentimentos tais como ciúme, exclusão e rivalidade. Nesse sentido, o sintoma conversivo implica um trabalho simbólico e equivale, enquanto tal, a um símbolo onírico: "As conversões podem conceber-se como sonhos que ao invés de serem sonhados passaram a ser dramatizados no corpo" (1982:47).

Além disso, segundo os autores, na conversão não há uma deterioração das funções do corpo, mas uma representação reprimida como defesa contra a angústia: falta aí a conexão entre a representação plástica (sintoma) e a representação verbal.

Já nas enfermidades psicossomáticas, o que falta é tanto a representação plástica quanto a verbal e a emoção da ligação intrapsíquica. Liberman et al. também analisaram a interação familiar dos pacientes psicossomáticos e concluíram que os pacientes sobreadaptados são filhos de pais que foram expostos a intensas exigências de adaptação em relação às quais sentiram que fracassaram, em parte ou totalmente. Em geral, esperam que os filhos respondam a requerimentos da realidade aos quais eles mesmos não lograram responder adequadamente.

Percebe-se, nessas crianças, que se comportam como se tivessem de desempenhar um papel ou uma missão. No ambulatório, por exemplo, isso aparece como a missão de "unir" os pais ou "proteger" a mãe das agressões do pai quando este está alcoolizado. Ou, ainda, ter de aprender a escrever e não apresentar problemas na escola, quando os pais não tiveram a oportunidade de se alfabetizar.

Liberman et al. relatam que são crianças que configuram, sem o saber, um canal de reivindicações de pais que se sentem negligenciados pela vida. Esses pais participam de uma forma persecutória no desenvolvimento do filho e se vinculam a ele de forma controladora, exigindo rendimento e eficácia.

No plano emocional, resultam ser pais que, desconectados, carecem de empatia para decodificar as necessidades emocionais do filho, suas potencialidades e limitações. Os pais almejam que o filho se torne independente precocemente, estimulando o autocontrole, sendo intolerantes com o atraso na maturação, o rendimento desigual em diferentes áreas, ou com condutas que revelem ansiedade ou temor:

> Desta forma, a infância transcorre numa rede familiar que não concebe a dor psíquica, as crises afetivas, os altos e baixos de humor e as regressões temporárias como elementos inerentes

ao desenvolvimento e promotores de crescimento mental. Pelo contrário, são percebidos como perigosos obstáculos que podem chegar a interferir nas condutas consideradas sucesso pelos pais (1982:60).

Do lado do filho organopata, Liberman et al. privilegiam dois fatores que o predisporiam à somatização: por um lado, uma sensibilidade precoce que capta o estado do objeto e conduz à urgência de satisfazer às suas necessidades para evitar o colapso do objeto ou um rechaço hostil. Por outro, os aspectos onipotentes que os levam a desejar sucessos além do que sua maturação possibilita.

Configura-se, assim, uma dinâmica familiar em que se privilegia a onipotência, pagando-se o preço do padecimento orgânico e do empobrecimento psíquico. Com o objetivo de realizar as ambições, essas crianças negam as emoções que poderiam levá-las ao fracasso. Desenvolvem-se na linha de aprendizagens superficiais e formais, dissociadas de suas experiências vivenciais e transformam-se em "adultos em miniatura". O distúrbio orgânico é o que denuncia o esforço ao qual precisam se submeter nesse processo.

Os pacientes organopatas apresentam, segundo Liberman, uma pobreza de registros corporais e afetivos que se manifesta por meio do pensamento racional, evidenciando uma criatividade restrita, bem como originalidade e atividade imaginária escassas. O fantasiar que desenvolvem se reduz a planejamentos e antecipações de atividades concretas. O fantasiar dos organopatas, dizem os autores:

> Resulta mais numa tentativa de realização para evacuar sentimentos dolorosos de frustração, pelas privações a que se submetem, que uma atividade exploratória e lúdica intrapsíquica, apta para oferecer informação sobre o estado do mundo interno (1982:62).

Ao estudar as mães dessas crianças, Liberman e seus colaboradores constataram que essas mulheres, num primeiro contato, aparecem como sacrificadas e pendentes do desenvolvimento do filho. Aos poucos, se revelam como imperativas e incapazes de empatia, privando seu filho do contato emocional com elas mesmas e com o pai. Chama a atenção, aqui, a influência da dinâmica familiar na composição do "doente psicossomático".

Raimbault: a doença como reveladora de uma dinâmica preexistente

Ginette Raimbault destaca, tomando o ponto de vista da psicanálise, os acontecimentos da vida biológica de uma criança como sendo jamais isoláveis de sua vida psíquica, portanto de sua condição de sujeito tal como se constitui num determinado meio. É o que ela observa quando afirma:

> A doença física, acontecimento real, incide sobre um corpo biológico que não existe isoladamente: muito antes da fecundação, a criança é inserida numa história, a de sua família, e ocupa um lugar numa rede psíquica, a de seus pais. Simbolicamente investida do sobrenome da família e do nome que a singulariza nesta linhagem, ela é a base das esperanças de seu pai e de sua mãe.[19]

Quando um corpo adoece, descrevem-se os efeitos fisiopatológicos da doença a partir do momento em que começam a aparecer; mas os efeitos psicológicos vinculados à doença devem ser buscados num complexo dinâmico preexistente, pois, como diz Raimbault:

> O encontro do mal físico real com este complexo mobiliza certos aspectos e age como revelador da problemática do doente e de toda a sua família (s.d.:1).

---

19. Raimbault, G. *As conseqüências psicológicas das doenças e das deficiências.* Apostila que chegou às minhas mãos depois da vinda da autora para um congresso no Brasil, mas de quem não tenho maiores referências.

Assim, segundo a autora, perguntar-se de que ordem é o sintoma, se físico ou psíquico, para a psicanálise não faz sentido: deve-se, antes, perguntar qual o efeito da doença no imaginário da criança.

As modificações às quais a criança precisa se submeter, quando adoece e durante o tratamento, despertam temas imaginários preexistentes nela, ligados à sua relação consigo mesma e com os outros, e que vão determinar sua imagem de corpo. Raimbault retoma a distinção entre imagem do corpo e esquema corporal, proposta por Dolto. Nessa concepção, enquanto o esquema corporal é genérico e corresponde à representação na qual o sujeito se vê como um indivíduo em meio à espécie, a imagem do corpo é particular, e resulta de um processo, ao longo do desenvolvimento da criança, de integração das percepções subjetivas que tem das diferentes partes de seu corpo e de seu funcionamento e das percepções e reações que os principais personagens de sua constelação familiar têm diante de seu corpo e de seu funcionamento, as quais são introjetadas pela criança. Ao longo do processo de desenvolvimento, antes que a criança chegue à construção de sua imagem do corpo, a percepção que tem de si é fragmentada, não estruturada, e é esse também o modo como percebe o corpo do outro.

Quando a criança adoece, fantasias arcaicas de fragmentação, de mutilação e de aniquilação, anteriores à fase do espelho, são despertadas e angustiam intensamente a criança. Na tentativa de lidar com essa angústia, são acionados processos psíquicos que permitem manter fora da consciência as representações, recordações ou fantasias relacionadas à doença. Esse processo representa a maneira pela qual a criança constrói uma interpretação muito própria e singular do distúrbio, de forma a se defender contra a angústia e conferir significado àquilo que ela sente como sem sentido e destruidor.

Os mais freqüentes mecanismos de defesa utilizados são o recalque, a regressão ou recuo a modos de expressão e de comportamento de um nível inferior, a projeção, as formações reativas e a negação.

5. ALGUNS QUESTIONAMENTOS

No início deste capítulo, procurei trazer as solicitações de intervenção dos profissionais de saúde dirigidas aos profissionais *psi* no setor pediátrico do hospital geral. Num segundo momento, destaquei os estudos psicanalíticos e a ruptura provocada por Freud em relação à conceituação hegemônica do sintoma que norteia as práticas médico-científicas sustentadas na dicotomia cartesiana e positivista entre mente e corpo. Com os estudos da histeria, a psicanálise revolucionou o conceito de sintoma corporal histérico, introduzindo a necessidade da interpretação do seu sentido reprimido, tirando o indivíduo da sua passividade em relação ao adoecer, lançando-o à procura de experiências na sua história capazes de revelar o sentido "calado", psíquico, do seu sofrimento corporal.

A partir da diferenciação, destacada por Freud, entre o processo de formação do sintoma corporal histérico e o das neuroses atuais abre-se um novo campo de investigação para o estudo das doenças funcionais e orgânicas, desenvolvido posteriormente pela psicossomática.

Remeti o leitor às contribuições da medicina psicossomática, vastamente difundidas na formação médica e que sustentam as solicitações dos médicos por intervenção psicológica, no que diz respeito a pedidos de elaboração de perfis psicológicos que possam fundamentar, de maneira "científica", a ação das emoções como causadoras de lesões orgânicas.

Destaquei, também, as contribuições de alguns autores que trabalham com doenças psicossomáticas na infância dentro de um referencial psicanalítico e que, no meu entender, influenciaram em grande medida, nas últimas décadas, as abordagens psicoterapêuticas desenvolvidas no hospital geral.

Interessa-me, neste momento, ressaltar aquilo que me instiga a pensar.

Apesar dos saltos provocados pela psicanálise na conceituação da formação do sintoma e dos avanços da psicossomática em relação ao distúrbio orgânico, aí introduzindo a capacidade de representação psíquica, a atuação dos *psis* nos hospitais gerais tem se medicalizado. Tanto suas formas de intervenção quanto as teorias que as apóiam acabam por adquirir características médico-cientificistas.

Chama a atenção, por exemplo, o modo como os *psis* se aglomeram em setores que mantêm uma nomenclatura médica: Serviço de Saúde Mental, Setor de Higiene Mental, etc., ou se aproximam da disciplina de psiquiatria.

Por outro lado, a formação acadêmica em psicologia clínica, talvez pelo seu interesse em ser reconhecida nos moldes de uma ciência positivista e de se afastar ao máximo dos conhecimentos oriundos do senso comum para, dessa forma, se legitimar, tem conduzido, por exemplo, ao uso de técnicas de investigação da personalidade e da inteligência, utilizadas como oferta de diagnósticos e prognósticos às solicitações médicas diante daquilo que se apresenta como características individuais do doente. Dessa forma, consolida-se a imagem de um saber universalizante sobre a emocionalidade natural do indivíduo, o que permite que os *psis* ganhem "espaço" na instituição hospitalar, espaço que é em princípio reservado quase que exclusivamente àqueles habilitados ao "deciframento" da doença orgânica.

O psíquico, campo que até então só era reconhecido pelo discurso médico como objeto de interesse da psiquiatria, atualmente entra no hospital geral, por meio do discurso *psi*, que conquista seu lugar junto ao paciente com distúrbio orgânico. Os *psis* falam das emoções, dos conflitos "ocultos" do paciente, aos quais têm acesso utilizando técnicas que estudam a personalidade. Podem, também, facilitar a relação médico-paciente, revelando as "dinâmicas inconscientes" entre ambos. Podem esclarecer as respostas do paciente perante sua doença, freqüentemente vistas como bizarras e ininteligíveis pelos médicos. Retomando as contribuições de Foucault, fica evidente, neste percurso de conquistas de espaço pelos *psis* no hospital geral, a demarcação de um campo de saber-poder próprio ao discurso *psi*.

No entanto, constata-se também, no trabalho de psicólogos e psicanalistas nos hospitais gerais, que os distúrbios orgânicos são remetidos ao campo psíquico, sendo tomados como "sintomas" e abordados a partir desse referencial. Surge, então, a indagação: o que está em jogo nesse tipo de atuação?

De um lado, a concepção de que a "doença orgânica" deverá ganhar seu estatuto psicossomático, definido a partir da economia e da dinâmica psíquica individual e intersubjetiva. Como conseqüência, o tratamento daí decorrente deverá se voltar para intervenções que acionem processos de "representação psíquica", protegendo o corpo de afecções desequilibradoras.

Os *psis*, assim, mesmo quando se afastam da determinação orgânica do sintoma, acabam por se manter na mesma lógica medicalizante, já que insistem na busca de "causas", desta vez psíquicas/psicossomáticas, para o entendimento do processo de adoecimento. No entanto, tais causas são sempre concebidas como oriundas do mundo psíquico. Os atravessamentos de outra ordem, como, por exemplo, a social, a econômica, a fisioterapêutica, fogem do espectro desses profissionais, que acabam encaminhando o paciente para outro setor (Serviço Social, Terapia Ocupacional, etc.).

Desse modo, muitas vezes os profissionais *psi*, com formação psicanalítica em sua atuação no hospital geral, têm privilegiado a abordagem da "doença psicossomática" por meio de intervenções que remetem o adoecimento a fatores psicossexuais, calcados nas histórias autobiográficas e familiares.

O que se coloca, a meu ver, é a necessidade de ampliar nosso olhar, de nos desfazermos do "avestruz-em-nós"[20], profissionais *psi*, e ousar pensar não apenas outras estratégias de intervenção "junto ao paciente com distúrbio psicossomático", como também práticas que se façam desinvestidas das perspectivas individualizantes e reducionistas do mundo *psi*, tão comuns no trabalho dos profissionais nos hospitais gerais.

---

20. Inspirei-me no título do livro de L. D. Castiel, *O buraco e o avestruz* (São Paulo: Papirus, 1994). Castiel pensa o campo da saúde dentro de um novo paradigma, o da complexidade, à procura da singularidade do adoecer humano.

SITUAÇÃO CLÍNICA 3

A NECESSIDADE DE MANTER OS CORPOS EM SILÊNCIO: BRINQUEDOS QUE ATRAPALHAM

Até 1994, o ambulatório da disciplina em que trabalho estava localizado no primeiro andar do prédio central dos ambulatórios. O número de salas era irrisório para atender à demanda dos pacientes. As salas eram pequenas, e freqüentemente eram realizadas duas a três consultas ao mesmo tempo. Era difícil preservar a intimidade do paciente. Os adolescentes eram os que mais sofriam com essa situação, já que seus corpos, sem falar das suas queixas, daquilo que relatavam, eram expostos a outros pacientes e famílias. O atendimento oferecido pelo estagiário deixava a desejar, pois tornava-se impessoal. As salas onde se atendia somente a um paciente por vez freqüentemente possuíam uma comunicação na parte superior, o que permitia ouvir o que acontecia na outra sala. As condições de atendimento oferecidas aos médicos impossibilitavam a exigência de uma melhor qualidade de assistência médica.

A sala de espera, onde o paciente acaba passando um bom tempo da estadia no hospital, era inóspita, não possuía ventilação adequada e concentrava pacientes de vários ambulatórios.

Em 1995 a chefia da disciplina obteve autorização para alugar uma casa destinada a essa finalidade. O imóvel passou por uma reforma em duas etapas, e, uma vez finalizada a primeira, as consultas médicas, nutricionais e psicológicas puderam acontecer nesse novo espaço.

Fui convidada a "humanizar" esse espaço. O objetivo da chefia, na época, era melhorar a qualidade da assistência oferecida à criança com distúrbios gastroenterológicos — ou seja, oferecer tanto ao médico quanto ao paciente condições físicas adequadas ao atendimento, a partir do que poderiam ser exigidas dos profissionais atitudes mais "humanas" para com o paciente. Sugeri como primeiro passo uma reunião de "abertura" do ambulatório para disseminar esse objetivo e ouvir propostas da equipe de saúde, colocando em aberto os modos para se pensar e fazer esse novo ambulatório. "Fazer" um novo ambulatório não era somente reformar o imóvel, mas também engajar a equipe nos objetivos, estimular a apropriação desse espaço pelos profissionais. (Essa proposta não foi aceita de imediato; só posteriormente pude realizar reuniões multidisciplinares para tratar desse assunto.)

Assim que a casa foi entregue e chegaram os primeiros móveis da sala de espera, decidi dar uma olhada para ver como havia ficado. Desde o início do projeto de reforma fui incluída na equipe, junto com alguns outros profissionais, e pudemos dar sugestões a respeito da disposição das salas, dos banheiros, de condições que oferecessem conforto aos pacientes. Dessa forma, me senti parte integrante desse processo de mudança da Gastropediatria. Quando entrei, levei um susto, que era uma mistura de espanto, violência e disciplina enfiados goela abaixo. Nas paredes da sala de espera, do corredor e do banheiro dos pacientes havia avisos: "Proibido fumar"; "Silêncio"; "Banheiro de pacientes"; "Banheiro de médicos". Essa sensação física que algumas situações me despertam no hospital me é bastante familiar. É um soco no estômago, enjôo. Os pacientes não haviam nem entrado, e já havia regras por todo o lugar. Fui me recuperando da sensação e pude dar alguns passos para saber de quem tinha sido a iniciativa de colocar os cartazes. Fiquei sabendo que a secretária da área administrativa da disciplina, também encarregada de compras, havia achado necessária a colocação dos cartazes para estabelecer ordem no ambulatório. (Gostaria de ressaltar que o tom dos cartazes, ao menos o de "Proibido fumar" era diferente daquele que tinha sido pendurado na área administrativa da disciplina, por onde transitam somente funcionários do hospital. Lá o aviso dizia: "Solicita-se não fumar".) Falando com a secretária, consegui mudar a frase para que fosse similar à da área administrativa, e o aviso de "Silêncio" foi retirado.

O impacto desse episódio foi extremamente elucidativo da relação funcionário do hospital–paciente.

Um dos meus objetivos era tornar a espera um momento mais ameno para a mãe, para o familiar e para a criança. Essas salas de espera raramente são desenhadas para acolher a família, muito menos a criança. A sala de espera é um prefácio daquilo que acontecerá na sala do médico. O tempo que se permanece aguardando é amiúde muito maior do que o tempo que se permanece na sala com o médico. É um tempo torturante, não somente pela antecipação do que pode chegar a acontecer, mas pelas condições oferecidas para realizar essa espera. Apesar de a criança ser o centro das atenções da equipe, pois é o "paciente" (aliás, na sala de espera, só se pode ser paciente), raramente são levadas em conta as suas necessidades. Esperar que uma criança permaneça sentada numa poltrona, ou fique em pé aguardando uma consulta durante um longo tempo, sem ter o que fazer, é desconhecer suas características, seus limites físicos, emocionais, psicomotores, etc.

Decidi colocar um cesto de brinquedos com os quais as crianças pudessem brincar e se entreter na sala de espera, e uma variedade de revistas para os familiares. Não avisei ninguém de que traria essa cesta, pois minha intenção era observar e escutar o efeito que ela produziria na equipe, nas famílias, nos pacientes. Escolhi um canto que não atrapalhasse a passagem, já que a sala não era muito grande.

Nos dias de consulta, o astral da sala mudava radicalmente. As crianças, freqüentemente esparramadas junto com os brinquedos no chão, brincavam sem se preocupar com o que acontecia ao seu redor. Acho que não ignoravam o que acontecia, mas havia algo que as entretinha e lhes dava prazer. Não somente lhes dava prazer: elas permaneciam absorvidas no fazer-brincar. Era uma brincadeira a sério. Em geral, a sala de espera é um lugar extremamente deprimente.[1] Pessoas de rostos cansados, angustiados; mães perdendo a paciência, pois têm de correr atrás dos filhos; muitas vezes, um cheiro de vômito ou fezes de algum paciente que havia passado mal. A ventilação inadequada torna esses lugares sufocantes, com o ar viciado. Os banheiros na sala de espera anterior ficavam longe do lugar onde os pacientes se sentavam, não tinham papel higiênico nem um lugar para que a mãe trocasse as fraldas da criança.

Este ambulatório se diferenciava: era arejado, limpo, os banheiros eram de fácil acesso, havia papel higiênico e uma bancada para que a mãe pudesse trocar as fraldas. Enquanto as crianças brincavam, as mães conversavam entre si.

Logo começaram as queixas. Surgiram, em primeira instância, dos médicos que atendiam: as crianças faziam bagunça, espalhavam os brinquedos no chão, faziam barulho quando brincavam. Na maioria das vezes, muitas crianças brincavam ao mesmo tempo e os médicos precisavam

---

1. Já se passou algum tempo dessa reforma; na própria sala de espera e em outras da Universidade algumas salas têm adotado a televisão como forma de entreter as crianças e os adultos. Observo que, de fato, o efeito TV mantém as pessoas mais quietas e em silêncio, hipnotizadas por programas infantis, tipo "Xuxa", etc. A brincadeira promove interação entre as crianças, socialização, comentários dos pais em relação a elas. Se o silêncio e a passividade são um dos objetivos, os brinquedos não são a melhor forma de obtê-los.

desviar de uma e de outra quando saíam da sala por algum motivo. A passagem precisava ficar livre. A recepcionista reclamava que havia crianças que queriam levar os brinquedos para casa ou os destruíam. Essas e outras queixas foram uma boa razão para marcar a primeira de uma série de reuniões chamadas de multidisciplinares, com o objetivo de criar um espaço onde os profissionais pudessem conversar sobre os problemas que encontravam no atendimento dos pacientes, e procurar caminhos para resolvê-los.

Em relação aos brinquedos, precisei esclarecer qual havia sido meu intuito ao colocá-los na sala de espera. Freqüentemente, as famílias deviam esperar muito tempo para serem atendidas, as crianças ficavam ansiosas antecipando a consulta e os procedimentos aos quais seriam submetidas, e as mães não conseguiam distraí-las. Os brinquedos estavam ali tanto para distraí-las quanto para que brincassem com eles, trabalhando as ansiedades dos tratamentos. Os médicos concordavam com a importância dos brinquedos, mas reclamavam da "bagunça", da "desordem", do "empecilho para andar". Houve reclamações também em relação às revistas que eu havia deixado para os familiares: ninguém as retornava ao seu lugar numa pilha organizada. As revistas ficavam largadas nos assentos. Às vezes, acabavam rasgadas.

A chefia concordou que a sala de espera era pequena, mas informou que ela seria temporária, pois ainda faltava a segunda parte da reforma, onde seriam construídos novos consultórios e uma sala de espera mais ampla. A maior parte dos médicos desconhecia esse fator, e percebi que, ao serem informados sobre os planos da disciplina, passaram a tolerar um pouco melhor a situação "caótica" produzida pela colocação dos brinquedos, já que seria provisória.[2]

---

2. Tanto os funcionários quanto os médicos em geral não são informados dos planos, ou dos possíveis acontecimentos futuros que envolvem o seu trabalho no hospital. A sensação que tenho é de que "se tropeça"

Também se concluiu que eram marcadas muitas consultas para um mesmo horário, isto é, havia uma superlotação na sala de espera. Marcar todos os pacientes ao mesmo tempo num mesmo horário é um procedimento comum nos ambulatórios. Por exemplo, todos os pacientes são marcados para as 7h30 da manhã e atendidos por ordem de chegada. Isso provoca superlotação num determinado período e esvaziamento drástico em outro. A partir dessas reuniões, iniciou-se um processo de mudança na forma de marcação das consultas. Os pacientes seriam divididos por hora, e cada um teria seu próprio horário. Gradualmente também se instalou a marcação de consultas por telefone, uma forma até então inédita. A instalação de um sistema computadorizado, independente dos outros ambulatórios, facilitou o agendamento das consultas. Isso significava que os pais não precisariam ir até o balcão no prédio central, a dois quarteirões, para agendar as consultas. Eles o faziam com a própria recepcionista do ambulatório da disciplina, que, além da comodidade do computador, conhecia todos os profissionais e podia resolver qualquer dificuldade na questão de horários.

Essas reuniões duraram menos de um ano. Acharam-se caminhos para solucionar vários problemas que emergiam do cotidiano. Uma vez contratada a enfermeira, ela foi convidada a participar, e trouxe outros olhares. Por exemplo, ela observou que pais ou responsáveis pelos pacientes saíam confusos das consultas médicas, atordoados com as

---

por acaso nesse tipo de informação. Isso dificulta qualquer forma de cooperação ou, ainda, sufoca uma participação mais atuante e criativa do funcionário. O sentimento é de ser completamente excluído, ignorado e desconsiderado. Mas, ao contrário, quando a pessoa é incluída e posta a par dos planos futuros, ela pode se engajar e, estimulada, pode trabalhar mais criativamente. Esse tipo de relação se repete em todos os níveis do hospital, inclusive na relação médico-paciente, familiar-paciente. Quem está diretamente envolvido é com freqüência o último a saber.

informações sobre a doença, o tratamento, a dieta dos exames. Constantemente solicitavam-lhe esclarecimentos sobre o que não haviam compreendido: perguntavam o local, os requisitos para fazer os exames, se havia necessidade de jejum, no que consistia o exame e assim por diante. Os médicos, por sua vez, alegavam não ter tempo para dar melhores explicações. Sugeriu-se que, quando necessário, se realizasse o que se chamou de pós-consulta pela enfermagem, na qual se buscaria solucionar as dúvidas dos pacientes. Os médicos decidiram então dedicar mais tempo às explicações de pormenores sobre a doença, sintomas, causas, etc.

Para alguns docentes, foi difícil aceitar o desenrolar dessas reuniões: espaços onde eram discutidos os pacientes, a relação médico-paciente e questões que diziam respeito a assuntos administrativos, geralmente resolvidos a portas fechadas entre alguns profissionais, médicos e enfermagem à medida que surgiam os obstáculos. O próprio chefe do ambulatório recusou-se a continuar participando. É interessante notar que essa forma de lidar com "problemas" administrativos segue as linhas gerais da prática médica: surge o problema-doença, que se torna o alvo-eliciador da preocupação; procura-se a causa mais direta, visível, sem se cogitar um contexto mais amplo, talvez "invisível" num primeiro momento, mas que acha expressão quando é criado o espaço para ser vivido. De outra forma, ele aparece como sintoma a ser tratado.

Os brinquedos puderam permanecer; colocou-se um cartaz na parede acima dos brinquedos e das revistas: "Favor manter em ordem."

Foi interessante acompanhar as mudanças e melhoras no atendimento detonadas pelo "episódio brinquedos": a imprevisibilidade e a riqueza em potencial para transformação que um assunto pode adquirir quando se criam espaços de escuta, observação, troca e quando os profissionais *psi* se permitem ver, olhar, observar, efetivar intervenções que auxiliem na melhora da assistência ao paciente são muito gratificantes. Um paciente a quem é oferecido um meio adequado às suas necessidades poderá sentir-se mais acolhido na sua dor e cooperar com o tratamento, e explorará suas potencialidades para lidar com ele. Por outro lado, um profissional *psi* que não reduza suas funções unicamente ao tratamento do psíquico, também poderá aproveitar suas potencialidades e criar modos novos de intervenção que propiciem ao paciente momentos de transformação. Durante um ano e meio mantiveram-se as "reuniões multidisciplinares".

Os brinquedos e as revistas tornaram-se parte do "mobiliário" fixo da sala de espera até o final de 1997. Nesse último semestre, com a mudança de chefia, aconteceram alguns problemas. A nova médica responsável pelo ambulatório, apesar de me conhecer, não achou necessário fazer uma reunião ou entrevistas para saber qual era a dinâmica do lugar. A chefia da disciplina solicitou uma reunião com a minha presença; ela não compareceu, e nunca solicitou uma nova. A partir dessa nova coordenação os problemas são resolvidos à medida que vão surgindo, individualmente com um ou com outro. É interessante notar que, mesmo na área administrativa, o médico não tem a formação necessária para ter uma visão global, visualizar o contexto de onde surgem os problemas. Urge resolver sem analisar os efeitos dessa "ação".

Em novembro de 1997, uma criança chegou a falecer no ambulatório. A mãe percebeu que a criança de dois anos e meio começou a passar mal no ônibus e trouxe-a ao ambulatório, em vez de levá-la ao pronto-socorro. Era uma criança que já havia sido internada, por causa de uma doença grave de fígado, e havia desenvolvido um vínculo muito forte com a equipe de saúde que a atendia. A enfermeira responsável pelo ambulatório ficou extremamente aflita, pois não possuía um aparelho chamado "ambu" para ajudar a criança. Ela achava que era necessário ter um no ambulatório, e o havia requisitado, mas o aparelho não tinha sido comprado. Uma das médicas que socorreu a criança sugeriu levá-la nos braços até o pronto-socorro. A enfermeira se opôs porque o risco de acontecer algo no caminho era grande. A criança foi finalmente levada de ambulância para o pronto-socorro.

A psicóloga que havia presenciado o episódio me informou que a enfermeira era muito apegada a essa menina, havendo juntado entre a equipe, algum tempo antes, brinquedos e roupas para oferecer à mãe, pois tratava-se de uma família muito carente.

Logo depois desse episódio, os brinquedos e as revistas sumiram da sala de espera. Levei algum tempo para me dar conta. Apesar de não tê-los visto durante mais ou menos uma semana, achava que haviam sido mudados de lugar temporariamente. Depois de uma semana, procurei informar-me. A recepcionista que havia participado das reuniões multidisciplinares fora substituída, havia uns seis meses, por um rapaz que apenas indiretamente participara do processo, pois na época era *office-boy*. Ele me comunicou que os brinquedos haviam sido colocados no pátio aberto. O *office-boy* atual, que estava a seu lado, me informou: "Estão todos quebrados." Examinei os brinquedos e percebi que, de fato, alguns estavam quebrados, mas a maioria, apesar de não ter um aspecto "novo", servia perfeitamente.

Decidi falar com a enfermeira-chefe. Nesse momento, passando em frente ao lugar onde ficavam as revistas, dei-me conta de que elas também haviam sumido. M., a enfermeira, explicou que havia tirado as revistas porque as mães as rasgavam. Quanto aos brinquedos, havia muitos pequenos e ficavam jogados no chão, sendo até perigoso alguém tropeçar neles e se machucar. Fiquei pasma, sem ação, e senti aqueles sinais que em geral descrevo como "típicos de funcionalismo público": cansaço e resignação. Mas lembrei-me de algo precioso que muitos anos antes um colega, Wagner Ranna, me havia dito, em relação ao trabalho com a equipe da mãe-participante. "Cris, fazer esse tipo de trabalho é como limpar uma casa. A sujeira se acumula todos os dias, a gente tem de passar o pano e limpar todos os dias. Não é como implantar um projeto e, depois, se encostar porque está pronto."

M. queixou-se novamente da bagunça dos brinquedos e das revistas, pois era ela que tinha de organizar e colocar tudo de novo no lugar. De fato, ela tomou a responsabilidade do funcionamento do ambulatório sozinha, por delegação dos médicos. Conversamos rapidamente sobre algumas possibilidades e os brinquedos voltaram por algum tempo, mas já não estão mais lá. Nem as revistas. Tentei conversar com a nova chefe do ambulatório. Alertei-a sobre o que estava acontecendo. Desafortunadamente, essa pessoa tirou uma licença e não foi substituída. As reuniões multidisciplinares nunca mais voltaram a acontecer. Não há mais o espaço garantido para a "limpeza" diária, ou seja, para o cuidado com um ambulatório que pretende atender à criança levando em conta suas necessidades.

Com este relato quis demostrar que o fato de não ter podido discutir o objetivo com a equipe foi determinante para o andamento desse episódio. A forma como introduzi os brinquedos talvez tenha se tornado para a enfermeira um outro "cartaz", isto é, algo que é imposto (a cesta de brinquedos) sem que se tenha previamente conversado sobre sua função, objetivo, etc. A colocação dos brinquedos provavelmente significou mais uma imposição, "agora tem brinquedos", que não pode ser metabolizada. Os brinquedos e as revistas precisaram ser abolidos. O novo espaço-ambulatório precisaria ser apropriado pelos membros da equipe para que funcionasse "humanizadamente".

CAPÍTULO III

O TRABALHO DOS PSIS NO ESTABELECIMENTO HOSPITALAR

1. A ENTRADA DOS *PSIS* NO HOSPITAL

Introdução

Neste capítulo, tratarei das atividades do psicólogo no hospital, levando em conta o processo pelo qual ele entra nesse estabelecimento, relatando meu próprio percurso. O intuito não é, em absoluto, tornar uma experiência modelo de outras. Ao contrário, trata-se justamente de poder apontar, na singularidade de minha experiência, as linhas que atravessaram e constituíram esta prática, bem como acompanhar outras tantas práticas *psi* que se faziam então no hospital geral. De início, o percurso se assemelha bastante ao de boa parte dos psicólogos: por meio de um estágio, após a graduação, em Psicologia Hospitalar. Hoje já existem várias faculdades que incluem estágios nessa área no currículo da graduação.

É importante relembrar as considerações levantadas no Capítulo 1 a respeito da medicina e do hospital geral, situando assim o lugar onde os *psis* entram para, a partir daí, refletir sobre o que nós, os *psis*, tratamos e como o tratamos, demarcando as peculiaridades do campo "psíquico" do corpo doente no hospital geral.

A medicina acabou ocupando, de forma "eficiente" e aprimorada, um lugar na manutenção da comunidade e de controle social, por meio da erradicação das epidemias, do controle das doenças e da normatização dos hábitos de higiene, reprodutivos, sexuais, entre outros. Lugar este de saber e poder tão ou mais forte do que aquele adjudicado às instâncias judiciárias e religiosas. Regularmente, ouvimos a seguinte frase dos acompanhantes de pacientes: "Deus no céu e o médico na terra", ou ainda: "Depois do médico, só Deus." A medicina dita questões que concernem à intervenção direta sobre os corpos e hábitos de vida (dieta, horários de dormir, comer, evacuar, a consistência ideal das fezes, a freqüência ideal da atividade sexual, quantos filhos ter, etc.). Fundou o hospital geral, órgão por excelência no trato dos órgãos. O médico travou uma luta contra a dor, a doença, o imprevisível, com o objetivo de conquistar a previsibilidade, a infalibilidade, o saber e o poder.

Os pacientes delegaram à medicina, corporificada na equipe de saúde, o saber sobre o funcionamento do seu corpo e de sua saúde, desapropriando-se, assim, do seu próprio saber; pais e crianças se tornaram meros informantes a respeito do corpo fragilizado. A medicina instituiu nas famílias uma educação física, moral, intelectual e sexual.

Os pais de pacientes que são internados na maioria dos hospitais, públicos e privados, são obrigados a assinar um termo de responsabilidade, documento que autoriza a equipe médica a fazer as intervenções consideradas necessárias ao paciente. Essa autorização concede à equipe médica poder absoluto para fazer qualquer intervenção, para diagnosticar ou tratar de acordo com o que julga apropriado.

Quando uma criança chega ao hospital com um sintoma orgânico, boa parte das vezes será submetida a uma bateria de exames, e passará por uma série de especialistas. Quando se esgotam os exames e procedimentos de diagnóstico e nenhuma etiologia orgânica é encontrada, os pais freqüentemente ouvem algo assim: "Seu filho não tem nada. É psicológico. Procure um psicólogo." Instaura-se, dessa forma, o especialista do "nada", uma nova especialidade, um novo órgão. O "mental", o "psíquico", receberá o mesmo tratamento que o corpo: será examinado, medido, classificado, registrado num prontuário.

Por um lado, pareceria haver aí um avanço: primeiro, pela percepção de que o corpo possui uma outra dimensão além da orgânica (mesmo que seja "nada"); segundo, pela viabilização de um espaço terapêutico para o "psíquico", por exemplo, no setor de Saúde Mental. Mas o que observo é que, na maioria das vezes, a abertura de setores de Higiene Mental acaba aprisionando o psíquico, uma vez que o funcionamento desses serviços se assemelha ao que é próprio da ordem médica: psicodiagnosticar, estabelecer classificações, buscar a etiologia do sintoma, procurar livrar o paciente do sintoma, dar alta e assim por diante.

Outra situação que ocorre reiteradamente no hospital é que, quando o sintoma da criança é "evidentemente" orgânico, ela é encaminhada diretamente ao médico especialista, que não levará em conta a dimensão de sua subjetividade, "pois não é da sua especialidade", já que considera a doença de ordem "eminentemente orgânica". Ou seja, paciente com doença orgânica não tem, *a priori*, um "psicológico". Na maioria das vezes, essas crianças somente serão encaminhadas ao psicólogo se aparecerem reações de falta de cooperação com o tratamento, se se tornarem agressivas, deprimidas, se a mãe solicitar, etc.

A maioria *psi* que entra no hospital tem formação em psicologia e acaba entrando no hospital demarcada por um lugar já determinado pelo campo de saúde e da instituição médica: trabalhando paralelamente com os médicos, compondo o mesmo quadro de especialidades, mas tratando um campo absolutamente distinto do deles.

A psicologia se apoiou no percurso das ciências empírico-naturais com o intuito de

> produzir formulações consistentes sobre o que seria a mente na sua articulação precisa com os processos fisiológicos, registrados nos avanços do campo da biologia, principalmente em termos neurológicos.[1]

---

1. Mattos, P. *O psicólogo na psicossomática*. Comunicação apresentada no 7º Congresso de Psicossomática. Belo Horizonte, 1990. p. 86.

A consciência humana despertou o interesse dos primeiros psicólogos e coube à fisiologia explicar os dados psicológicos observados. Segundo Mattos, foi desenvolvida por Wundt uma metodologia para realizar a experimentação fisiológica acompanhada pela auto-observação do sujeito, definindo-se, assim, o método introspeccionista; Wundt considerava que os aspectos mais complexos da mente deveriam ser analisados através da produção cultural.

Mesmo assim, a relação mente-corpo não foi satisfatoriamente desdobrada. A psicologia, pretendendo dar encaminhamento a essa problemática, recorreu a algumas práticas, como a psicanálise, o behaviorismo, a fenomenologia. De acordo com Mattos,

> as soluções funcionalistas (behaviorismo), psicanalítica e fenomenológica criaram um leque de perspectivas que, em última instância, retratavam posições sobre a interligação, ou não, daquilo que seria da ordem biológica em contraponto com a esfera psicológica, definida de acordo com as diversas referências epistemológicas adotadas (Conduta, Inconsciente, Consciência da experiência vivida) (1990:86).

Enquanto a prática médica excluiu a dimensão subjetiva, reduzindo para seus fins o humano a um corporal orgânico (ou organicidade corporal), as bases da psicologia desde seu início estiveram comprometidas com a questão da relação entre o corpo e a mente na tentativa de explicá-la com uma fundamentação médico-científica.

No Capítulo 2, vimos como a psicanálise e a psicossomática procuram estratégias para delimitar a interligação entre a psique e o soma. Tendo situado, nesse percurso histórico, o que caracterizou a "bagagem" dos *psis*, pretendo agora apresentar e problematizar o trabalho do psicólogo no hospital geral com crianças cujo corpo adoeceu.

2. O TRABALHO DOS PSIS NO HOSPITAL GERAL: RELATO DE EXPERIÊNCIAS

Não é fácil falar do cotidiano dentro de um percurso histórico e ao mesmo tempo traçar os referenciais teóricos que o sustentaram. Mas é uma tentativa que tem como finalidade, neste capítulo, problematizar a prática do psicólogo em hospital geral.

Em 1982 iniciei um estágio em psicologia hospitalar no setor de Higiene Mental do Departamento de Pediatria da Escola Paulista de Medicina, cuja duração era de dois anos. Esses estágios são, de fato, bastante comuns nos hospitais públicos e são procurados geralmente ao final do curso de graduação. A seleção à qual fui submetida exigia domínio de testes psicológicos de avaliação da personalidade, como o CAT[2], o HTP[3], de avaliação da inteligência, como o WISK[4]; na interpretação desses testes, esperava-se que se utilizasse um referencial psicanalítico.[5]

Após ter concluído o estágio, não havendo nenhuma vaga nesse departamento, continuei desenvolvendo atividades psicoterapêuticas no setor, na condição de bolsista, até 1985.[6] Nesse último período realizava acompanhamento de crianças portadoras de neoplasias.[7]

---

2. O CAT (Children's Aperception Test) é um teste projetivo cuja finalidade é investigar a personalidade da criança estudando as respostas significativas que ela oferece a estímulos padronizados.

3. O HTP (House, Tree and Person) é outro teste projetivo em que a criança projeta nos desenhos de uma casa, uma árvore e uma pessoa, feitos por ela, a dinâmica interna e os conflitos de desenvolvimento que está vivendo.

4. O WISK é um teste de inteligência que avalia o QI (Quociente de Inteligência) da criança de forma qualitativa e quantitativa.

5. É importante esclarecer que a psicanálise não propõe o uso de testes; foi a psicologia que se apropriou do referencial teórico-clínico psicanalítico para a interpretação desses testes.

6. Essa bolsa era fornecida pelo CEPEP (Centro de Estudos e Pesquisa em Pediatria), do Departamento de Pediatria, e ajudava a pagar o transporte dos estagiários para o hospital.

7. Denominam-se neoplasias as patologias que apresentam tumores tanto benignos quanto malignos.

Os acompanhamentos, tanto nesse período quanto no do estágio propriamente dito, se fundamentavam na necessidade que as crianças e sua família apresentavam de trabalhar os aspectos emocionais do adoecer e do tratamento médico. Os atendimentos tiveram início a partir de solicitações da equipe de saúde que, freqüentemente, percebia o impacto, na criança e nos seus familiares, do diagnóstico da doença, da agressividade do tratamento (radioterapia e quimioterapia) e de seus efeitos colaterais.[8]

a) Trabalho com crianças portadoras de neoplasias

Nos primeiros contatos com o psicólogo, costuma-se abrir um espaço onde os pais e a criança vertem suas dúvidas, angústias, medos e fantasmas a respeito da doença. Assim, dirigia minha escuta às configurações imaginárias da criança e de sua família em relação ao adoecer e à hospitalização, quando esta era necessária. Nessa época, eram as leituras de Ginette Raimbault[9] e Danièle Brun (1989) que me norteavam. O tratamento e a cura não pareciam estar regidos somente pela lógica médico-científica; havia outra dimensão em jogo que constituía meu foco de interesse e de atuação. Como nos diz Raimbault, cada criança e cada família tem uma história biopsicossocial única e singular, preexistente ao aparecimento da doença. Muitas vezes, o encontro da enfermidade orgânica com o complexo dinâmico existente revela uma problemática do paciente e de toda a família, que até então não havia ganhado evidência.

Um acompanhamento psicológico eficaz exigia, portanto, analisar a constelação familiar, as tramas das relações, as expectativas dos pais em relação ao filho, e o lugar que a criança ocupava

---

8. Aqui se coloca a questão da demanda. Heliana Conde afirma e fundamenta que esse tipo de "necessidade", que parece provir da criança e de sua família, surge à proporção que é criado o campo de saber que contempla esse aspecto. Na medida em que há uma especialidade que lida com o psicológico dá-se a forma de "psicológico" a um aspecto invisível.

9. Raimbault, G., op. cit.

na família. Era no aspecto biográfico que concentrava minhas atenções. Investigava dados sobre a personalidade, a sociabilidade, a escolaridade, a religião e o momento no qual havia surgido a doença, com o intuito de apreender a dinâmica familiar do paciente. Às vezes, o médico responsável pela criança me procurava, querendo "dados" sobre o aspecto psicológico. Amiúde, esses momentos se tornavam muito férteis. Eu costumava perguntar-lhe sobre o que ele notava durante as consultas; trocávamos impressões do que observávamos, e criava-se então uma nova forma de atender à criança.[10]

Percebia que o aparecimento abrupto da doença com freqüência significava para os pais a precariedade ou a fragilidade do estado prévio — especialmente com doenças "ocultas", que não apareciam, como a leucemia, que em geral eram constatadas após a apresentação de uma sintomatologia "desconsiderada" durante algum tempo pelos pais (cansaço, apatia, uma dor ou outra). Os pais se culpavam, então, por não terem percebido o desenrolar da enfermidade; ou, em alguns casos, diante do inexplicável aparecimento da doença sem uma causa atribuível, procuravam um "psicológico" como provocador da neoplasia. Era como se a mente tivesse o poder de "fabricar" uma doença. Havia, reiteradas vezes, a expectativa em relação ao psicólogo de que ele manteria os distúrbios psicológicos sob controle.

O aparecimento inesperado da doença, a incerteza do prognóstico, a subversão da rotina desconcertavam a família de tal forma que freqüentemente o sentimento de insegurança causava uma sensação de desarvoramento, de desestruturação. Os pais sentiam que viviam mais no hospital do que em casa; não raro um deles precisava afastar-se do seu trabalho profissional para acompanhar a criança; a recomendação médica de que a criança não freqüentasse a escola nos períodos em que seu sistema imunológico se encontrava vulnerável interrompia as atividades

---

10. À época, penso que não falava desses encontros desta forma. Considerava os encontros e a troca com o especialista muito ricos e me sentia mais animada para continuar atendendo.

corriqueiras dela e, quando retornava às aulas, ela se sentia "um peixe fora d'água". Já não acompanhava o conteúdo das aulas como antes, havia talvez perdido o cabelo por causa da quimioterapia, usava chapéu ou peruca, não parecia a mesma pessoa. A palavra "câncer" ainda está muito associada a "morte", e uma reação comum das pessoas em relação à criança portadora dessa doença é uma mistura de espanto, pena e atitudes de superproteção, no sentido de poupá-la de esforços físicos ou de frustrações "desnecessárias".

O médico freqüentemente se sentia incapaz de lidar com os aspectos emocionais da família e do paciente, reduzindo ao mínimo o contato com eles. Nas etapas anteriores ao diagnóstico, raramente era passada uma informação adequada e progressiva aos pais. Percebia que o médico temia adiantar-se ou pôr em evidência suas suspeitas ou temores; a forma que ele encontrava para lidar com essa situação era geralmente economizar informações. Os pais, por sua vez, sentiam que o profissional estava lhes omitindo a "verdade".

O diagnóstico é baseado na concepção de que existe uma doença que vai ser detectada ou revelada pelos exames e pela clínica, e o médico comunicará o que foi encontrado aos pais do paciente; às vezes, a criança também é informada. Essa devolução dos achados é assustadora para a família e angustiante para o médico. Raras vezes os pais são solicitados a participar mais ativamente desse processo, que possibilitaria uma aproximação gradual daquilo que está acontecendo com a criança, com o intuito de desmistificar "fantasmas" sobre as doenças e de ajudar os pais a se aproximarem aos sentimentos a respeito do estado do seu filho. Há pouco espaço para o diálogo, para a construção de um suporte para o diagnóstico. Geralmente, o médico se coloca no lugar de quem possui a tecnologia, de quem saberá interpretar os resultados dos exames e passará a informação sobre o estado da criança aos pais.

Quando me era encaminhada a família de um paciente após o diagnóstico, percebia que muitas vezes havia por parte do médico uma tendência a utilizar um jargão extremamente acadêmico, especialmente quando se tratava de doenças graves, com prognósticos incertos. Assim, a informação recebida pela família era inadequada (embora tecnicamente correta), pois era apresentada num léxico acadêmico demais, cujo significado real lhe era desconhecido, mas em que se pressentia algo catastrófico. Muitas vezes, o profissional se refugia nesse jargão; e em outras ocasiões, acaba provocando uma intensa agressão ou um pessimismo exagerado ao contar a "verdade" da doença à família.

A utilização de um jargão técnico não era um hábito exclusivo do médico; com freqüência, os familiares o reproduziam, sem saber seu significado. (Uma vez, uma mãe me disse: "Não, doutora, minha filha não tem câncer, tem osteossarcoma.") O médico também costumava usar diminutivos para descrever os sintomas (um carocinho, uma picadinha, um tumorzinho) com a finalidade de diminuir o impacto das palavras. As angústias dos pais eram, muitas vezes, evitadas ou subestimadas; os encontros do médico com as famílias eram rápidos e fugazes, dificultando o aparecimento de perguntas sobre a doença. Essa situação despertava no paciente e na família intensos momentos de desespero, solidão e desconfiança na equipe.

Quanto à criança, geralmente recebia pouca informação; os pais realizavam sua própria censura em função do medo de que, se ela soubesse a "verdade", poderia se desestruturar. É curioso observar a transformação dos pais em relação à forma de ver seu filho. Se antes da doença ele era objeto de admiração por sua perspicácia e inteligência, passa depois a ser tratado como um "débil mental": as informações, razões e argumentos oferecidos a ele são inadequados à sua idade; é tratado como alguém que não é capaz de raciocinar; fala-se em voz baixa perto dele, achando que ele não suspeita do que estão falando e assim por diante.

A intervenção do psicólogo nessas horas era bem-vinda. Trabalhava com as crianças em grupo, ou individualmente, quando a criança se recusava a participar do grupo ou quando estava tão fragilizada que não podia sair do leito. Relatei essa experiência numa publicação em 1985.

As crianças, sem aparentá-lo, escutam tudo que podem a seu respeito e sua doença, e, freqüentemente, as informações que escutam, às vezes "en passant", de técnicos de laboratório, familiares, de amigos, ou na televisão, são contraditórias, e as crianças ficam confusas e desconfiadas, e começam a aparecer resistências ao tratamento (Mora, 1985:3).

Essas crianças constantemente precisavam sofrer longas hospitalizações, e naquela época não era permitida a permanência dos pais durante a internação. Pude observar que muitas crianças desenvolviam comportamentos regressivos como defesa para enfrentar a situação de privação do contato familiar; entre esses comportamentos "regressivos", percebia a retomada de hábitos que já haviam superado, como chupar chupeta, querer tomar mamadeira, apresentar comportamentos de ficar "grudados" na mãe e outros.

O mundo, o hospital e a equipe médica tornam-se hostis para a criança; a ansiedade da separação pode esmagar seu ego frágil e ela pode apresentar sinais de pânico profundo. Torna-se extremamente dependente da mãe, que por sua vez, devido a seus medos, estimula esta dependência. Nota-se, freqüentemente, uma dificuldade da mãe de separar-se da criança, pela sensação de que se não estiver perto dela o tempo todo alguma coisa catastrófica pode lhe acontecer (1985:3).

Para muitas crianças, a doença é associada a situações em que elas acham que estavam desobedecendo ordens ou atendendo a impulsos ou instintos (por exemplo, tomando sorvete demais, quando a mãe havia proibido). Elas constroem uma interpretação própria para conferir um sentido ao conjunto "insensato" e "destruidor" da doença e do tratamento, em termos de erro-culpa e punição. Assim, o "mal" da doença assume um sentido em relação a um "mal" que ela teria cometido e pelo qual seria punida: as várias medidas de dieta e isolamento, ou a ida ao médico, parecem colocar em prática aquelas punições mais freqüentes evocadas pelos pais.

O dispositivo grupal era a forma pela qual eu podia acompanhar de forma mais próxima essas crianças. Por meio do jogo, da brincadeira, das falas e dos silêncios, elas se acolhiam umas às outras. No próximo capítulo dedicarei uma seção especial a essa forma de trabalhar. O monopólio de alguns discursos, como o médico, o escolar, o familiar, paralisa e enrijece a forma de existir. Na minha prática, busquei contribuir de forma discreta com perguntas e comentários que pudessem fazer circular ou funcionar aquilo que se encontrava fixado, soterrado.

b) Acompanhamento de crianças portadoras de doenças crônicas

A equipe de psicologia com freqüência era chamada a acompanhar pacientes portadores de doenças crônicas como, por exemplo, crianças portadoras de *diabetes melito*, no Ambulatório de Endocrinologia, pacientes com insuficiência renal crônica, no Ambulatório de Nefrologia. As famílias desses pacientes se tornavam "freguesas" dos ambulatórios, tendo de retornar amiúde. Os aspectos emocionais influenciavam na forma de lidar com o tratamento e os procedimentos necessários para o controle da doença. Quando crianças portadoras de diabetes sofriam descompensações da doença por "motivos emocionais", os médicos se afligiam e achavam necessário que houvesse um acompanhamento psicoterapêutico.

Regularmente, o médico chamava o psicólogo quando percebia que o paciente ou a família apresentavam condutas que fugiam à norma ou não eram habituais. Os tratamentos dessas doenças crônicas implicavam mudanças radicais na vida da criança, na percepção do próprio corpo, na dinâmica familiar, ocasionando, quase sempre, desestruturação na família.

A abordagem desses processos de adoecer, feita pelos profissionais *psi*, seguia uma orientação psicanalítica. Nesse sentido, quando me era solicitado atender a um paciente portador de uma doença crônica e à sua família, tentava contribuir a partir da compreensão dos mecanismos que subjaziam às atitudes que os médicos haviam apontado. Tratava-se em geral de atitudes parentais em relação à criança (pais superprotetores ou que não deixavam a criança retomar suas atividades independentemente, que viviam "fusionados" à criança), ou em relação à doença (apareciam repentinamente inquéritos intensivos a respeito de informações sobre a doença, numa tentativa de dominar ou controlar a situação); também apontavam para atitudes da criança (apatia, passividade, recusa de contato, depressão). Às vezes, eu percebia que se tratava de atitudes da equipe de saúde, que demonstrava uma certa onipotência em relação ao tratamento ou rivalizava com os pais nos cuidados da criança, entre outros.

A análise da "vida psíquica" por intermédio do trabalho psicanalítico permitia a percepção de uma outra dimensão, vivida pelo paciente e por sua família em relação à enfermidade e ao processo de cura, que não era percebida pela equipe de saúde. Discutiam-se os casos em supervisões de orientação psicanalítica: havia sempre uma preocupação e um questionamento sobre qual deveria ser o trabalho psicanalítico; criticava-se qualquer postura de "agente ortopédico da saúde"[11], tentando corrigir ou evitar comportamentos, emoções e atitudes. A expectativa freqüente do pediatra era de que fosse realizada uma intervenção para sanar a crise emocional do paciente ou da sua família, esperando, por assim dizer, um "remédio" das técnicas psicanalíticas. A posição do *psi*, nessas horas, é desconfortável, pois é intensa a pressão no sentido de mostrar resultados terapêuticos, ou seja, de suprir uma explicação com a finalidade de erradicar os sintomas.

c) Trabalho no ambulatório do Serviço de Higiene Mental

Havia, na ocasião, um ambulatório que atendia às crianças encaminhadas por outras disciplinas ou instituições, que

---

11. Emprego o termo ortopédico aqui relacionando-o aos pedidos feitos a mim pelos pais, ou outros membros da equipe, para corrigir ou evitar deformidades e "disfunções", ou aquilo que não funciona bem.

apresentavam "distúrbios de comportamento" ou "dificuldades de aprendizagem". Após um psicodiagnóstico que incluía a aplicação de testes de personalidade ou de inteligência, nos casos de dificuldade de aprendizagem, as crianças eram submetidas a um acompanhamento psicoterapêutico, conhecido como "ludoterapia".[12] Nos casos em que se verificava um transtorno na aprendizagem e diagnosticava-se que a sua etiologia não era de ordem emocional, a criança era encaminhada a outra instituição que oferecesse acompanhamento psicopedagógico, já que até o dia de hoje o Serviço de Higiene Mental não dispõe de psicopedagogas no seu corpo de funcionários.[13]

Em 1985, enquanto ainda trabalhava no Setor de Hematologia da Escola Paulista de Medicina atendendo a crianças portadoras de leucemia e linfoma, fui convidada a participar, como psicóloga da área de pediatria, de uma pesquisa no Setor de Pediatria do Hospital do Câncer da Fundação Antônio Prudente. Essa pesquisa tinha como objetivo avaliar os efeitos da amputação de algum membro em crianças e adolescentes portadores de tumores ósseos, e me permitiu, durante mais de um ano, acompanhar esses pacientes na fase pré-operatória, pós-operatória e durante a fase de assistência ambulatorial. O relatório dessa pesquisa foi publicado em uma revista americana (Tebbi, C. et al., 1990).

Como o hospital não dispunha de psicólogos no seu corpo de funcionários, foi solicitada minha contratação durante esse período, mas isso não aconteceu. A Fundação contava com um corpo de funcionárias voluntárias que visitavam as crianças, e havia o pressuposto de que essa equipe atendia às suas necessidades psicológicas e pedagógicas.

---

12. Nesse acompanhamento terapêutico da criança, de base psicanalítica, utilizava-se uma caixa de brinquedos. O terapeuta dirigia sua atenção à forma e ao conteúdo da brincadeira da criança. Interpretava-se o sentido "latente" dessa atividade, como também a transferência da criança em relação ao analista.
13. Retornarei a esse tema mais adiante no subitem *Sobre as formas de atendimento*.

d) Hospital Humberto I — Projeto Mãe-Participante: do hospitalismo aos efeitos da hospitalização

Em 1987, fui convidada a implantar e coordenar o projeto multidisciplinar "Mãe-Participante" na Enfermaria de Pediatria do Departamento de Pediatria do Hospital Humberto I. O chefe do departamento expressava uma necessidade de "humanizar" a enfermaria.

É interessante notar que já vinha surgindo a necessidade, em vários âmbitos médicos, de uma "humanização" dos hospitais e do atendimento em geral. Souza Lucci (1984) descreve a contratação de uma equipe de psicólogos e psiquiatras em 1982, pela Prefeitura Municipal de São Paulo, com a finalidade de elaborar um projeto de atendimento psicológico nos hospitais da Prefeitura, visando à humanização da assistência hospitalar.

Após seis meses de trabalho fui contratada, com a função de ampliar as atividades e implantar um Serviço de Psicologia na área de pediatria.

O "Projeto Mãe-Participante na Enfermaria" significava um desafio naquela época, pois nos hospitais públicos não era permitida a permanência dos pais durante a hospitalização da criança. Isso marcava um contraponto com os hospitais privados, onde um acompanhante, responsável pela criança, era obrigado a permanecer durante sua estadia. Ressalte-se que os pais assinavam um termo de compromisso, na entrada da criança no hospital, no qual delegavam a total responsabilidade do tratamento à equipe médica, como mencionamos no início do capítulo.

A resistência em relação ao Projeto foi grande, mas não aconteceu de forma maciça. Diferentes equipes resistiram à implantação, e em momentos diferentes.

A primeira manifestação de repúdio partiu da equipe de cirurgia pediátrica. Alegavam os médicos que a mãe junto à criança contaminaria o ambiente. Acreditava-se que os pais poderiam trazer "germes" e "bactérias" de fora do hospital, prejudicando a recuperação da criança na fase pós-operatória. Essa premissa foi rapidamente contestada com a apresentação de estudos que comprovavam que as mãos dos funcionários das enfermarias possuíam mais bactérias que as dos pais.

O argumento, já bastante antigo, revela, quando muito, um "desconhecimento ativo" por parte da equipe médica em questão. Isto é, uma sistemática e reiterada afirmação do lugar de controle do saber médico.

Segundo Foucault (1979), a revolução de Pasteur, com suas descobertas biológicas que determinaram que o causador do mal era um agente externo à doença, privou o médico de seu papel milenar como aquele que irá produzir a verdade da doença. Com a constatação de que são os agentes microbianos que causam a contaminação, mostrou-se que o médico, ao ignorar esse fato durante tanto tempo, havia contribuído para o contágio, pois, indo de um leito a outro, examinando os pacientes, ele propagava e reproduzia a doença. As mãos do médico, que deveriam apalpar o corpo do paciente trazendo à luz a verdade da doença, foram apontadas como as portadoras do mal. O corpo do médico e da equipe hospitalar, juntamente com as condições de higiene hospitalar, aparecem como os produtores da doença. As medidas esterilizantes tomadas após essas descobertas outorgaram ao médico e ao hospital novos poderes em relação ao doente e ao tratamento.

> Esterilizando-se o médico e o hospital, uma nova inocência lhes foi dada, da qual tiraram novos poderes e um novo estatuto na imaginação dos homens (Foucault, 1979:120).

É interessante ressaltar neste momento alguns episódios que aconteceram durante a fase de elaboração do Projeto, que demonstram a preocupação com a "esterilização". O Serviço Social, juntamente com a equipe de Enfermagem, levantava questões a respeito da manutenção do asseio dos acompanhantes, da necessidade de eles usarem aventais para freqüentar a enfermaria. De início, não se cogitava a idéia de eles permanecerem sem os aventais; parecia significar que os pais vestidos com suas próprias roupas trariam sujeira e caos do exterior. A administração não tinha meios para facilitar a compra desses aventais, e o Projeto chegou a um impasse. Aos poucos, foi se questionando a necessidade dos aventais como garantia de manter os pais "esterilizados", e finalmente o Projeto foi implantado sem esse requisito, mas a compra dos aventais viria como um passo posterior.

Na Unidade de Terapia Intensiva Pediátrica (UTI), o Projeto não pôde ser implantado de forma integral: aos pais foi permitido visitar a criança somente três vezes ao dia, nos diferentes períodos (manhã, tarde e noite). Um dos obstáculos era a falta de aventais necessários para entrar na UTI, até para os próprios funcionários, já que é considerado um lugar que apresenta mais risco de infecção. Posteriormente, admitiu-se que os aventais eram "simbólicos", e a obrigatoriedade do seu uso visava dificultar a entrada nesse setor. Apareceram outras dificuldades: a equipe da UTI achava que os pais não suportariam a tensão gerada pelos procedimentos "invasivos", pelas recaídas abruptas dos pacientes; entrariam em pânico, impedindo a atuação da equipe.[14]

A equipe de Cirurgia Infantil alegava também que a criança tolerava melhor a internação sem a presença dos pais. Os médicos observavam que a criança chorava muito no primeiro e no segundo dia de internação, sentindo a falta da mãe, mas que, aos poucos, ela se "adaptava" e "aceitava", "sem resistir", os procedimentos aos quais deveria se submeter. Tais comportamentos nos levam a pensar no fenômeno relatado por Spitz (1979) sobre o *hospitalismo*. A criança se deprime quando vê que seu choro e tristeza não trazem a mãe de volta e desiste. Desiste de reclamar e desiste de tentar, à custa de um desinvestimento emocional. Em crianças que passam muito tempo separadas de alguém com

---

14. Cabe notar aqui que tanto em hospitais nos Estados Unidos quanto na Inglaterra, os pais são considerados extremamente necessários na UTI para a recuperação do filho. Sua presença é estimulada. São freqüentes os cartazes que solicitam aos pais que falem com seu filho, mesmo quando acham que ele não os escuta. Obtive essa informação de pais de pacientes que permaneceram em UTI em Londres e a partir de conversas com membros de equipe de saúde que trabalham em UTI de hospitais em Nebraska.

quem possuem um vínculo significativo, pode se instalar o quadro grave denominado por Spitz de hospitalismo.

Entre 1945 e 1946, Spitz realizou um estudo com crianças que, após terem vivido e sido amamentadas pela mãe durante os primeiros três meses de vida, eram separadas dela. Durante o período de convívio, a avaliação dos bebês revelava que estavam no nível de desenvolvimento da média das crianças dessa idade. Aos três meses, eram separados das mães e mantidos em uma casa para crianças abandonadas, onde eram garantidos higiene, alimentação e cuidados médicos; havia uma enfermeira para cuidar delas.

Essas crianças mostraram sintomas de progressiva deterioração, em parte irreversível, segundo Spitz (1979:242). As crianças tornaram-se passivas e permaneciam inertes no leito, apresentavam atraso no desenvolvimento motor e algumas evidenciavam depressão anaclítica.[15]

Vários estudos foram realizados com crianças hospitalizadas afastadas dos familiares significativos. Em 1975, Sartí, citado por Camon (1984), constatou uma série de efeitos da separação materna sobre a criança doente, entre outros, retardamento do desenvolvimento, suscetibilidade a infecções, perturbações digestivas, dermatoses, distúrbios de sono, hipermotividade, diminuição da afetividade, indiferença, agressividade e regressão.

Esses estudos forneceram argumentos em favor da permanência dos pais durante a hospitalização da criança. A gravidade dos quadros que poderiam se instalar a partir da separação, a percepção

---

15. Spitz definiu a depressão anaclítica como o quadro clínico e emocional que se instala na criança após uma privação afetiva parcial. Essas crianças apresentam um comportamento de retraimento choroso, que persiste durante cerca de três meses. Segundo sua pesquisa, algumas, em vez de engordar, perdem peso; outras, sofrem de insônia; e a maioria apresenta grande suscetibilidade para contrair resfriados. Após esse período de choro, a criança se "acalma" e aparece uma rigidez na sua expressão facial: a criança permanece deitada ou sentada, imóvel, com os olhos abertos e inexpressivos, e o olhar distante; o contato com o mundo externo muito difícil. In Spitz, R., 1979. p. 234.

de que os pais contribuíam para uma melhora e uma recuperação mais rápida e eficaz, encurtando assim o período de internação, entre outras razões, possibilitaram que se implementassem nas enfermarias projetos do tipo "Mãe-Participante".

Cabe aqui ressaltar que a preocupação com o abandono da criança e a possibilidade da instalação do quadro de hospitalismo ganhou uma evidência tal que desviou a atenção dos possíveis efeitos da hospitalização. Os efeitos ou marcas deixadas na criança pelas práticas hospitalares das equipes de saúde, inclusive da área *psi*, raramente foram problematizados. No entanto, o trabalho dessas equipes, boa parte das vezes, tem sido no sentido de produzir subjetividades individualizadas e homogêneas, tendo como parâmetros constantes a normalidade, a disciplinarização, uma saúde moralizante e o mesmismo. (Mais adiante, neste capítulo, discutirei esses aspectos.) Na enfermaria podiam ser encontrados quadros atenuados de hospitalismo e sintomas de depressão anaclítica, interpretados pelos médicos como "adaptação ao tratamento".

Não foi possível realizar um trabalho de implantação gradativa do "Projeto Mãe-Participante" com a equipe de cirurgia; ela acabou aceitando o Projeto por imposição do chefe do departamento. Após a implantação, ao longo de cinco anos de funcionamento, a equipe de cirurgia, com exceção de alguns cirurgiões, continuou trabalhando alheia aos efeitos produzidos pela permanência dos pais na enfermaria, ignorando-os, não os incluindo.[16]

---

16. Os cirurgiões continuavam a trabalhar no "*ancien régime*", isto é, dando pouca ou nenhuma explicação aos pais sobre o que estava acontecendo com a criança, se haveria cirurgia, como seria feita, o que seria feito, extraído ou colocado, etc.; a mãe se despedia da criança na sala, e somente podia revê-la quando era trazida de volta, mesmo que tivesse de ficar alguns dias de recuperação em uma sala de cuidados semi-intensivos; freqüentemente, quando era necessário desmarcar algum procedimento ou cirurgia, os acompanhantes não eram informados a respeito, nem lhes era dada alguma explicação; as visitas médicas, nas quais se discutia a evolução do caso e as medidas a serem tomadas, eram feitas em torno do leito

Com a equipe de enfermagem o trabalho foi feito através de encontros preparativos para a implantação do Projeto e acompanhamento de seus desdobramentos, com a finalidade de dar suporte à equipe para lidar com as dificuldades que apareciam no dia-a-dia. Nas auxiliares de enfermagem e nas atendentes surgiu o receio de que seriam substituídas pelas mães, como mão-de-obra gratuita para o hospital. Temiam também que as mães as fiscalizassem durante a assistência às crianças. Enfim, o Projeto significava uma mudança radical na rotina das atividades para muitos daqueles que trabalhavam com a criança.

Durante o período posterior, de manutenção, ocorreu uma situação bastante singular com a equipe de enfermagem do turno da noite. Após um incidente, no qual o pai de um paciente chegou embriagado à enfermaria, à noite, a equipe de enfermagem solicitou que não fosse autorizada a entrada dos pais na enfermaria, ou que se reduzisse o número de horas de permanência. Percebi que era necessário conversar com essa equipe. Durante um ano mantive reuniões mensais para tratar das dificuldades que os profissionais sentiam nesse plantão. Muitas queixas se referiam à sexualidade dos pais; indignavam-se ao pensar que os pais poderiam "namorar" no hospital; queixavam-se de que os pais tentavam paquerar as auxiliares de enfermagem, atrapalhando a execução do trabalho; queixavam-se também de que os pais as olhavam de forma diferente, e elas tinham de mudar sua forma de vestir-se. A presença dos pais despertava vários sentimentos que questionavam a rotina estabelecida até então.

Para mim, significava um verdadeiro desafio, tanto em termos do conteúdo do programa como também no sentido de estar realizando uma atividade diferente daquela que estava

---

da criança; era solicitado à mãe que saísse da sala; apesar de os prontuários com as informações dos pacientes ficarem nas salas, a equipe de cirurgia vedava aos acompanhantes o acesso a eles. Várias mães, que queriam perguntar a respeito do andamento dos seus filhos a partir das informações escritas nos prontuários, "levavam bronca" dos médicos.

acostumada a desempenhar: acompanhamento das crianças e de seus pais; contato com os representantes das outras áreas, com a finalidade de discutir a situação do paciente. Esse novo programa me permitia trabalhar com a equipe na implantação de um projeto que, acreditava firmemente, poderia ajudar na recuperação da criança e diminuir os efeitos prejudiciais da hospitalização.

Durante a fase de manutenção do Projeto, fui convidada a participar da Comissão da Mãe-Participante, na Secretaria Estadual da Saúde. Essa Comissão era integrada por membros que representavam outros hospitais públicos e visava discutir as dificuldades encontradas nesse tipo de programa. A Comissão acompanhou o estabelecimento da lei estadual que permitia a permanência dos pais junto à criança durante a internação, e encarregou-se de normatizar a implantação desse Projeto, enviando a todos os hospitais um manual com sugestões. Foi um trabalho estimulante, que se desdobrou em uma ação produtora de mudanças efetivas.

O Estatuto da Criança legalizou essa situação em todo o país: a permanência dos pais na enfermaria durante a hospitalização é um direito legal da criança e de sua família. Ele é respeitado na maioria dos hospitais dos grandes centros urbanos. Os hospitais públicos contam com psicólogos para desenvolver trabalhos com os pacientes e suas famílias durante a internação.

e) Trabalho realizado no Ambulatório de Pediatria do Hospital Humberto I

No Ambulatório do Departamento de Pediatria, tive oportunidade de implantar um serviço de atendimento clínico consolidado pelo encaminhamento das crianças por médicos especialistas. À medida que a equipe de enfermagem acompanhava o trabalho, passou a buscar atendimento para seus próprios filhos ou para crianças de pessoas próximas a eles. Eventualmente, se necessário, eu as atendia em forma de consulta.

Naquele momento, percebia que não queria nem achava eficaz o tipo de atendimento "clássico", isto é, realizar as consultas de psicodiagnóstico e, após realizado esse processo, iniciar uma psicoterapia.

A partir da leitura de alguns autores como Winnicott, Lebovici, Debray, entre outros, pus em prática o conceito de "consultas terapêuticas" para trabalhar junto ao paciente. E, a partir da leitura de um outro autor, pertencente ao movimento institucionalista, Georges Lapassade (1979), comecei a utilizar o conceito de "analisador"[17] nos atendimentos com os pacientes. Esse conceito me permitiu valorizar e experimentar utilizar os acontecimentos ocorridos tanto no hospital quanto na coletividade como ferramentas para suscitar o trabalho de análise.

Um episódio marcante foi a morte repentina de um cirurgião devido a uma neoplasia que havia sido passada despercebida. Esse especialista atendia crianças com neoplasias. Na equipe, houve uma tendência a abafar a notícia da morte; falavam aos pais em voz baixa, para as crianças não ouvirem, pois tinham medo de que elas ficassem deprimidas se soubessem que o médico que as atendia havia morrido de uma doença parecida com a delas. Em um grupo terapêutico que eu coordenava, uma das crianças mencionou o fato da morte do seu médico; disse-me que não sabia que médico também "pegava essa doença". Tanto o efeito da morte do médico quanto o efeito da reação da equipe serviu para que eu trabalhasse com as crianças a idealização da equipe de saúde e a vulnerabilidade sentida pelos pacientes: o médico não somente podia curar, ele também ficava doente. A tendência a esconder o fato das crianças foi importante nesse trabalho, pois

---

17. Segundo Lapassade, o analisador "é um dispositivo experimental, um intermediário entre o investigador e a realidade". Para o autor, não é o discurso ou a interpretação que o analista dá que produz análise necessariamente, mas tudo aquilo que provoca o imaginário, suscita o desejo e produz também sua simbolização. Nessa definição, acontecimentos sociais, situações insólitas, atos revolucionários, entre outros, são considerados analisadores, ou seja, têm efeito de análise. In Lapassade, G. *El analizador y el analista*. Barcelona: Gedisa, 1979.

permitiu que pudessem falar a respeito de como não se sentiam incluídas no seu próprio tratamento.

3. AS PRÁTICAS DO TRABALHO DOS PSIS NO HOSPITAL

a) Sobre as formas de atendimento

A avaliação psicológica é uma das atividades mais freqüentes que o psicólogo hospitalar realiza em nível ambulatorial. Ela consiste, na maioria das vezes, na realização de um psicodiagnóstico da criança. Este inclui a aplicação de testes de personalidade e de QI, quando necessário. Freqüentemente, faz-se uma observação lúdica e entrevistas com os pais. Esse psicodiagnóstico não é necessariamente seguido por um acompanhamento psicológico, mesmo quando se constata que a criança e/ou seus pais poderiam se beneficiar dele. Quando o setor dispõe dessa atividade, a criança, na maioria das vezes, precisará aguardar uma vaga. Em outros casos, o hospital não realiza o acompanhamento; faz-se somente o psicodiagnóstico, e a criança e sua família são encaminhadas a outra instituição.

Os resultados do psicodiagnóstico são "devolvidos" ao paciente e à sua família por meio de uma entrevista "devolutiva". Só a partir desse momento é que se considera o passo seguinte: o acompanhamento. Quando tal acompanhamento não pode ser realizado no próprio setor, ou pela mesma psicóloga, essa situação desperta, tanto no paciente como em sua família, e mesmo no profissional que havia realizado o psicodiagnóstico, uma sensação de frustração perante a impossibilidade de dar continuidade ao tratamento. A própria "devolução" perde sua eficácia quando "devolvida" sob a forma de um diagnóstico médico: "Os testes revelaram que seu filho se exige ser perfeito"; "Foi observado nas entrevistas que vê o pai como uma pessoa frágil. Não consegue se identificar com ele". Esse tipo de frase dentro de uma entrevista "devolutiva" em geral alude a algo percebido na observação lúdica ou nas respostas a testes projetivos; dita dessa forma, ela é descontextualizada do momento em que foi produzida e acaba tendo um efeito totalizante e homogeneizante, aludindo a um "normal" como parâmetro.

Essa forma de atuação é condizente com a maneira como são transmitidos conhecimentos e informações sobre as funções do psicólogo. Psicodiagnóstico é comumente uma disciplina separada da de acompanhamento psicológico. Camon propõe um Roteiro de Avaliação Psicológica do Paciente, cuja finalidade é poder "trazer dados do paciente de forma objetiva ao psicólogo e à equipe de saúde" (1996:5).

Espera-se que o psicólogo traga dados sobre a personalidade do paciente, a dinâmica familiar, conflitos em relação ao desenvolvimento psicológico, andamento na escola, relacionamento com os colegas, etc.

Um dos efeitos desse tipo de prática de diagnóstico e tratamento da doença mental é a naturalização do sofrimento psíquico. Ao devolver ao paciente aquilo que lhe foi revelado nos testes, expropria-se a criança e sua família da possibilidade de produzir um saber sobre si, um saber que poderia operar mudanças.

Essa distinção entre o diagnóstico e o tratamento segue os moldes médicos: a doença deve ser diagnosticada, para somente depois poder ser realizado o tratamento adequado. O que acontece no psicodiagnóstico não é considerado tratamento, ou seja, nada acontece em termos terapêuticos. A terapia propriamente dita realizar-se-á a partir do início do acompanhamento psicológico.[18]

---

18. É importante lembrar que uma primeira entrevista com um paciente no hospital produz algum tipo de transformação. As minhas perguntas à mãe na frente da criança, meus olhares, para um ou para o outro, minha postura de escuta diferente da do médico, a inclusão da criança na conversa, enfim, são várias as atitudes que provocam alguma "distensão" na dinâmica. Não são raras as ocasiões em que a mãe volta e, surpresa, me diz: "Ele mudou, doutora, da última consulta para cá." Interessa-me ressaltar aqui que, mesmo que os encontros denominados de psicodiagnóstico tenham a finalidade de examinar, diagnosticar e classificar, sem objetivo terapêutico, podem ter outros efeitos, como, por exemplo, de transformação, de relaxamento de defesas, independentemente da intenção do terapeuta. Considero que o efeito terapêutico depende do encontro e não de uma proposta *a priori*.

A prática clínica psicológica parece ter-se instituído a partir da prática clínica médica, produzindo por sua vez algumas noções já naturalizadas, como por exemplo "doença psicossomática", "saúde mental", "sexualidade infantil", "psicodiagnóstico", "acompanhamento", etc. M. Angela Santa-Cruz (1997) nos alerta:

> [...] algumas dicotomias presentes nas clínicas *psi*, muitas vezes [são] tomadas de modo naturalizado. As dicotomias normal-patológico, terapeuta-paciente, doente-são, corpo-mente, entre outras, são marcas constitutivas das clínicas *psi* por sua inspiração histórica na clínica médica, por mais distante que tal ou qual clínica se pense em relação a esse modelo (1997:44).

Sabemos que a partir da década de 1960 iniciou-se um movimento de discussão sobre a eficácia e o sentido do psicodiagnóstico. João Frayze-Pereira (1988) lembra um estudo realizado por Morton Kramer, que alerta para a variação dos resultados dos psicodiagnósticos em função de "corrente teórica, contexto étnico, classe social e geração à qual pertence o profissional que diagnostica" (1998:121).

O autor levanta a questão de que o olhar que observa o paciente não é o "olhar natural", mas um "olhar especializado", munido de técnicas que têm como objetivo torná-lo mais potente e eficaz para ter acesso às verdades ocultas do paciente, ao invisível. A formação outorga ao psicólogo a condição de especialista, que lhe permite ocupar um lugar na sociedade, previamente demarcado pelo campo de saber da medicina e da psicologia.

> Trata-se de um lugar que o psicólogo não escolhe ocupar uma vez que já lhe foi prescrito antes mesmo do seu surgimento como profissional na sociedade contemporânea, uma sociedade determinada, que a partir de Foucault (1975) designa-se "sociedade disciplinar", isto é, uma "sociedade de vigilância", de "ortopedia social" (Frayze-Pereira, 1988:125).

Já no primeiro capítulo do presente livro foi amplamente discutido o conceito de disciplinarização introduzido por Foucault. Vimos como, a partir do século XVIII, surge a necessidade de controlar o tempo, vigiar e registrar continuamente os indivíduos e seus comportamentos. O "exame" tornou-se um modelo hegemônico de estabelecimento da verdade utilizado por várias práticas, inclusive a psicologia. O "exame" constitui um saber sobre o indivíduo, que tem o intuito de determinar se uma pessoa se conduz conforme as regras, se desenvolve, progride, etc. O psicodiagnóstico nesse sentido extrai dos indivíduos um saber a respeito de suas emoções, sentimentos, pensamento, inteligência, personalidade, etc., ordenando-o e classificando-o segundo normas predefinidas.

Segundo Frayze-Pereira, o psicodiagnóstico revela

> uma prática de observação-dominação, um investimento analítico cujo efeito-objeto, diria Foucault, é o homem disciplinável, isto é, alma, individualidade, consciência, personalidade, pouco importa aqui (1988:129).

Cabe notar que essa forma de conduzir um tratamento *psi* (caracterizado pela triagem/diagnóstico/acompanhamento) dos aspectos emocionais é hegemônica no âmbito da psicologia hospitalar até hoje. Poucos profissionais trabalham utilizando o conceito de Consultas Terapêuticas, termo cunhado por Winnicott (1971). Nessa forma de trabalhar não há uma distinção rígida entre psicodiagnóstico e acompanhamento. Tratamento e diagnóstico se confundem.

Winnicott fez pediatria e depois optou por uma formação psicanalítica, dedicando-se a estudar e aplicar a técnica psicanalítica em situações nas quais ele percebia que uma análise longa com sessões semanais freqüentes era desnecessária. Nesses casos, Winnicott realizava no máximo duas ou três entrevistas com o paciente e/ou sua família, fazendo intervenções quando necessário, incluindo os pais e esclarecendo os conflitos que a criança atravessava. Winnicott percebia que muitas crianças mostravam um sentimento forte de confiança nele e evidenciavam a intensa crença de que ele poderia ajudá-las e compreendê-las. Isso tornava o encontro com o profissional muito especial, "sagrado"[19], brindando o psicoterapeuta com a oportunidade de estabelecer um contato significativo com a criança. Winnicott relata que muitas crianças podem desenvolver o que ele chama de "nós" durante o desenvolvimento emocional, e que a finalidade dessas entrevistas é afrouxar esses "nós", o que resulta num impulso para o processo de desenvolvimento. Às vezes, ele percebia que esse tipo de atendimento era o "prelúdio" de uma psicoterapia mais longa. No entanto, a experiência de ter sido acolhida no seu sofrimento era fundamental para que a criança se engajasse num atendimento mais longo.

Na França, Rosine Debray (1988) desenvolveu uma técnica de tratamento conjunto de mães e bebês atingidos por distúrbios psicossomáticos precoces pouco difundida no âmbito da psicologia hospitalar. Essa psicanalista psicossomatista, membro do Institut de Psycho-somatique (IPSO), fundamenta, de forma bastante particular, sua atuação no Hospital de la Poterne des Peupliers, em Paris. Por outro lado, vejo na sua fundamentação uma preocupação comum a alguns psicanalistas que se aventuram a trabalhar em hospital geral, que é a de justificar excessivamente as mudanças necessárias ao *setting*[20] Supõe-se que o respeito ao *setting* garante em grande parte o bom andamento de uma análise.

Em sua experiência, a autora percebe que na clínica infantil alguns sintomas (por exemplo, as insônias precoces), apesar de não serem considerados "graves", pois não colocam a criança em risco de vida e influenciam relativamente pouco no desenvolvimento da criança, desencadeiam momentos de "esgotamento, irritabilidade e mal-estar tanto na mãe quanto no pai" (1988:10). Essas situações podem evoluir para quadros de "crise" nos quais,

---

19. Winnicott, D. W. *Therapeutic Consultations in Child Psychiatry*. Londres: The Hogarth Press, 1971. p. 4.
20. O *setting* psicanalítico, ou enquadre, constitui um conjunto de regras que permitiriam a intervenção analítica. Essas regras dizem respeito ao tempo das sessões, sua freqüência, a posição em que o paciente tem de se colocar, etc.

segundo a autora, uma intervenção psicoterapêutica conjunta da mãe e do bebê torna-se favorável. Para Debray, a noção de "crise" está ligada à noção de urgência.

Debray percebe que as mães que se vêem obrigadas por seus filhos a recorrer ao psicanalista precocemente, amiúde sentem-se feridas na sua auto-estima, pois acreditam que não foram suficientemente "boas mães" para enfrentar sozinhas as exigências de seus bebês. Por outro lado, o fato de se tratar de seus bebês, portadores de traços singulares que surgem em momentos peculiares, eventualmente difíceis, ameniza a dor da mãe e a "constatação de sua impotência atual" (1988:10). Ela pode perceber que não é "culpada" pelo "fracasso" dessa dupla, mas que seu bebê também determina o percurso da relação.

A autora constata que os bebês apresentam melhoras rápidas após uma única intervenção, provocando na mãe um sentimento de gratificação. Debray considera que às vezes isso se torna um empecilho para a continuidade do tratamento, pois geralmente a mãe o interrompe após essa melhora. Ela descreve esse efeito como "a fuga pela cura", possibilitando ao paciente se evadir de uma confrontação interna sentida por ele como perigosa. Esse seria um aspecto de resistência mascarada ao tratamento. Pode acontecer, nos casos em que a mãe não retorna, uma recaída ou a transformação de um sintoma em outro, já que, segundo a autora, "nenhuma modificação profunda pode ser obtida através de intervenções breves" (1998:10).

A autora admite, contudo, que

> mobilizações de superfície, que reduzem uma sintomatologia incômoda e permitem à díade mãe/bebê funcionar de novo, de um modo suportável pela mãe e pelo bebê, podem constituir em si mesmos um resultado suficiente (1988:10).

Debray encontra na noção de estrutura constitucional um elemento importante para sua abordagem. Considera que todo recém-nascido traz consigo uma base psicossomática irremovível. As intervenções conjuntas permitem observar aquilo que se integra à "rocha biológica" das relações com o meio, pela mediação da relação com a mãe.

O terapeuta ocupa aí uma posição das mais favoráveis, para observar o que é negociável e o que persiste de certo modo indomável (idem:11).

A autora percebe que o caráter "indomável" do bebê obriga a família a viver de acordo com aquilo que ele parece impor. A mãe, sobrecarregada pela ansiedade e esgotada fisicamente, não consegue oferecer cuidados maternos adequados às exigências do bebê. Este, por seu lado, percebe essa falta e intensifica seus protestos, exacerbando a desorganização familiar.

Maria Lívia Tourinho (1994) se pergunta: "O que pode um analista no hospital?" Título da dissertação, e questão que permeia sua pesquisa com pacientes portadores de doenças do fígado, a autora afirma que "a angústia [do paciente] advém da falta de significantes" (1994:83). Para ela, psicóloga psicanalista que trabalha em hospital geral, o analista, oferecendo a sua escuta ao paciente, possibilitando sua fala, simbolizando sua angústia, "significatizando sua angústia" (idem:86), poderá dar conta dela, diminuí-la e "transferi-la para um único objeto, o analista" (idem:86). Freqüentemente, o paciente dirige sua angústia a outros membros da equipe de saúde, dificultando a tarefa do analista.

b) A interconsulta médico-psicológica

Uma forma muito comum de inserção do psicólogo nas atividades hospitalares é pela interconsulta. Esse dispositivo de ação é também utilizado pelos psiquiatras, e muitas vezes torna-se uma subespecialidade da psiquiatria, como é o caso do Serviço de Interconsultas do Hospital São Paulo, pertencente ao Departamento de Psiquiatria e Psicologia Médica.

O trabalho de consultoria no hospital geral tem crescido acentuadamente nas últimas décadas. Segundo Martins, o desenvolvimento dessa atividade ganhou força a partir da década de

1930, nos Estados Unidos, paralelamente ao crescimento do movimento psicossomático, e representa a institucionalização desta visão em medicina.[21]

Alguns autores postulam ser necessário fazer uma distinção nítida entre interconsulta psiquiátrica e interconsulta médico-psicológica, como por exemplo Ferrari et al., citados por Martins (1989), ao contrário deste, que questiona essa posição como um tanto rígida. Como o propósito deste trabalho é detalhar as atividades do psicólogo no meio hospitalar, deter-me-ei na interconsulta médico-psicológica.

A exclusão pela medicina da dimensão psicológica do indivíduo doente tem como conseqüência freqüente a necessidade de solicitar a consulta ou a intervenção do "especialista do psicológico" — os *psis*. Nogueira et al., citados por Martins (1989), definiram a interconsulta como

> um instrumento metodológico utilizado por um profissional de saúde mental no trabalho em instituições de saúde, visando compreender e aprimorar a tarefa assistencial (1989:56).

Para o autor, o campo de atuação e investigação do interconsultor é o campo dinâmico das relações entre clientela, médicos assistentes e a equipe paramédica que trabalha na unidade de saúde de uma instituição assistencial.

Durante a internação, são várias as situações em que a equipe médica precisa recorrer a um especialista: a criança que resiste a se submeter a algum procedimento ou a uma intervenção cirúrgica mutiladora, mas necessária e inadiável; a criança cujos pais, por motivos religiosos, não aceitam o tratamento ou algum procedimento necessário e também inadiável, como uma transfusão de sangue; a criança que transgride a dieta, provocando descompensações físicas; a criança que está gravemente enferma e se recusa a continuar fazendo o tratamento. Podem surgir pedidos para que o interconsultor comunique à

---

21. Martins, L. A. N. Interconsulta psiquiátrica.

criança internada alguma notícia triste, como, por exemplo, que um dos seus pais faleceu. Surgem pedidos de interconsulta ao psicólogo quando a criança se deprime ou apresenta anorexia durante a hospitalização; ou quando algum membro da equipe sente que a mãe agride a criança durante a internação, ou quando a mãe não permanece na enfermaria, não a visita com freqüência. Uma outra situação de pedido de interconsulta é quando há suspeita de maus-tratos e os pais negam, mesmo quando evidente. Nesses casos, é solicitado que seja realizada quase que uma investigação para averiguar se de fato os pais maltratam a criança.

As interconsultas apresentam características específicas e peculiares que variam segundo a inserção institucional, mas é o referencial teórico que determinará a inserção na instituição e na prática profissional. Martins (1989), no Hospital São Paulo, utiliza alguns conceitos psicanalíticos como o de transferência e contratransferência. Ele afirma:

> Em nosso serviço, o referencial que vimos construindo parte de um pressuposto segundo o qual o interconsultor, enquanto observador de uma situação que se propõe a examinar, se inclui no observado sabendo que sua presença provoca modificações em si e nas percepções que tem do que ocorre naquele momento naquele lugar. Dito de outra maneira, o interconsultor, como qualquer ser que interage com outro, está imerso nos fenômenos psicológicos universais de transferência e contratransferência (1989:162).

Poder-se-ia dizer que a interconsulta tem como objetivos: propiciar à equipe de saúde, e especificamente ao médico, recursos para compreender o que está acontecendo com a criança e a família, e as repercussões do tratamento e da hospitalização; amenizar a angústia do médico, freqüentemente despertada pelo anseio de "curar", atropelando as particularidades do paciente e da família; reduzir as expectativas e exigências da família em relação à figura do médico.

Uma forma bastante peculiar de trabalho *psi* foi desenvolvida a partir de pedidos de interconsulta no Setor de Oncologia do Departamento de Pediatria da Universidade de São Paulo, que merece destaque porque se fundamenta na teoria psicanalítica lacaniana e reforça a distinção entre o trabalho do psicólogo e o do psicanalista no hospital. Paulo Schiller (1991), pediatra e psicanalista do Setor de Oncologia, descarta o atendimento realizado diretamente junto ao paciente e sua família pelo psicanalista, e afirma: "a psicanálise propõe-se a um atendimento individual de quem traz um pedido específico já formulado neste sentido" (1991:20).

Segundo o autor, no hospital geral a demanda de análise a partir de um sofrimento psíquico do paciente é geralmente mediada pelo médico. A solicitação de atendimento ao paciente, em um primeiro momento, encobre o pedido subjetivo do profissional que não suporta a angústia do doente diante da enfermidade crônica ou da morte. Diante do impacto da doença, paciente e/ou família solicitam do médico um saber sobre a dimensão psíquica, saber que este não dispõe.

O autor constata que em geral o paciente não tem pedido algum, ou sequer angústia, e nesses casos o que ele percebe é que o médico é quem deseja livrar-se do incômodo despertado pelas questões que o paciente ou sua família apresentam. Schiller propõe:

> A presença do psicanalista deve conter a vertente de apontar ao próprio médico os desdobramentos e o sentido dessa sua demanda. Deve propiciar-lhe a aceitação natural da posição de "não saber" em que é ocasionalmente colocado. Ainda que não passe pelo percurso analítico (análise pessoal), é forçoso que o médico tenha um conhecimento mínimo da estrutura inconsciente, nesta incluindo-se também enquanto sujeito, e de suas conseqüências na determinação das doenças e de seus prognósticos (1991:20).

Nos últimos anos, o trabalho *psi* no hospital tem incluído a presença de médicos pediatras com formação numa área *psi*, psicodrama, psicanálise, entre outras. É comum ouvir desses profissionais que eles têm uma "aceitação" melhor que os psicólogos, pois são médicos e podem falar tanto do campo da medicina quanto do campo *psi*.

4. SOBRE A HISTÓRIA DO PSICÓLOGO HOSPITALAR NO BRASIL

De acordo com Belkiss Lamosa (1987), os serviços de Higiene Mental tiveram início na década de 1930. Lamosa, ou Belkiss, como a maioria das pessoas a conhece, foi responsável pela implantação do Serviço de Psicologia do Instituto do Coração de São Paulo, um dos pioneiros na área.

Num breve resumo sobre a história do trabalho do psicólogo em hospital geral no Brasil, a autora menciona que já antes de 1900 havia um número grande de trabalhos versando sobre temas de psicologia geral, escritos por médicos. Com o objetivo de fornecer subsídios a essa produção científica, surgem os chamados laboratórios da Liga Brasileira de Higiene Mental, em 1922.

> Esses laboratórios de psicologia, além dos grandes impulsos que deram à neurologia, à fisiologia, jurisprudência, também enfatizaram a educação. Eram núcleos de estudiosos das teorias psicológicas gerais e aplicadas. Visavam aprofundar os conhecimentos da vida psíquica — sensação, afetividade, vontade, senso-percepção (nesta época desenvolveram-se bastante os conhecimentos sobre atenção, memória, associação, percepção do tempo e do espaço, imaginação e abstração) (1987:12).

Foi somente na década de 1930, com a fundação de dois serviços de Higiene Mental, um no Rio de Janeiro e outro em São Paulo, que se passaram a considerar, de forma sistemática, os conflitos emocionais e a influência sociocultural na doença.

Belkiss realizou um rastreamento dos psicólogos clínicos que atuavam em hospitais no Brasil e estudou as peculiaridades da sua atuação, constatando que o papel do psicólogo nos hospitais não estava bem delineado. Destacou que a função do psicólogo no hospital é a participação na avaliação, tratamento, reabilitação e reintegração do paciente à sociedade. Inclui também a orientação à família.

A autora verificou que, apesar de haver um acordo generalizado entre os profissionais da saúde de que o psicólogo deveria integrar-se no trabalho hospitalar, não havia consenso ainda de qual deveria ser sua função. Belkiss também constatou que a atuação do psicólogo é mais "curativa" do que preventiva, acompanhando a própria tendência dos hospitais.

Matilde Neder, outra psicóloga pioneira na implantação da psicologia hospitalar, ingressa no Hospital das Clínicas (HC) para trabalhar na Clínica de Ortopedia e de Traumatologia (COT) em 1954. Tanto o trabalho de Belkiss quanto o de Neder foram fundamentais para o desenvolvimento das atividades do psicólogo em hospital no Brasil.[22] A assistência terapêutica desenvolvida por Neder era realizada, junto ao paciente, no período pré-operatório, durante o processamento cirúrgico e na pós-cirurgia, e tinha por objetivo aumentar as probabilidades de sucesso da cirurgia.

Neder (1991) nos informa que não possuía estudos específicos de psicologia em hospitais. Não existiam cursos regulares de psicologia na época, e a formação das pessoas que se interessaram por esse campo era na área de Pedagogia, Filosofia ou Ciências Sociais. Procurava-se formação específica por meio de estágios e especializações.

Neder iniciou em 1957, no Instituto Nacional de Reabilitação (INAR — em funcionamento na COT), um trabalho em Reabilitação, que ao longo do tempo foi difundido internacionalmente,

---

22. O trabalho de psicologia desenvolvido no HC constituiu-se em um dos primeiros e fundamentais serviços de psicologia no Brasil. É um centro de referência importante para a psicologia hospitalar.

recebendo apoio da Organização Mundial da Saúde. A equipe oferecia um trabalho de assistência terapêutica a pacientes portadores de paralisia cerebral, paraplégicos, hemiplégicos, amputados, e a suas famílias.

> Pretendia o HC (Hospital das Clínicas) que o paciente, ao retornar ao seu meio, à sua família, à comunidade de que fazia parte, o fosse em condições favoráveis à sua valorização pessoal, produtivamente (1991:6).

A autora relata as dificuldades que encontrava nos atendimentos à família. Os pacientes provinham de famílias de baixa renda, que não podiam comparecer com freqüência ao hospital. Ela trabalhava com quem vinha ao hospital: pais, mães, irmãos, maridos, esposas, vizinhos, etc.[23] Desenvolvia o trabalho junto ao Serviço Social, que contribuía facilitando o pagamento das passagens.

> Consideração à comunidade de origem, trabalhar nessa e com essa comunidade, estudá-la, conhecê-la melhor nas condições integrativas e nível de vida, eram as preocupações e metas da equipe (idem:8).

Neder possuía formação de base psicanalítica e logo percebeu que sobreviriam mudanças na técnica. Optou pela prática da "Psicoterapia Breve", pois, segundo ela, era preciso focalizar objetivos precisos e específicos dentro do acompanhamento e, além disso, o tempo de que dispunha era limitado. Incorporou, também, técnicas psicodramáticas e corporais. Esse serviço tornou-se conhecido e logo foi procurado por psicólogos que pretendiam realizar estágios. Em 1977, aconteceu o primeiro

---

23. É importante ressaltar aqui que esta posição é fundamental. Durante meu estágio na EPM — Escola Paulista de Medicina —, freqüentemente me via impedida de realizar um acompanhamento quando a mãe do paciente não podia ou se recusava a ir à consulta. A orientação era trabalhar no nível da relação mãe-filho. O tratamento se via impossibilitado sem a presença dela.

concurso público do Hospital das Clínicas, e aqueles que passaram se tornaram psicólogos desse hospital.

Neder teve por objetivo desenvolver atividades não somente na área da assistência, mas também na área do ensino e da pesquisa. Na década de 1960, ministrou cursos que visavam habilitar a equipe de saúde que lidava com pacientes com deficiências incapacitantes.

Paralelamente ao trabalho realizado por Neder, surgiram no Hospital das Clínicas outros serviços de psicologia. No Instituto de Psiquiatria, o Serviço de Psicologia, sob a direção de Máximo L. Stephano; na Neurocirurgia, o Setor de Neuropsicologia, sob a direção de Cândida M. P. Camargo; e o já mencionado trabalho de Belkiss Lamosa, no Instituto do Coração.

Entre 1974 e 1982, Neder foi convocada a trabalhar no Instituto Central do HC (ICHC) para regularizar a situação de 34 estagiários de psicologia que trabalhavam no hospital. Num primeiro momento, haviam sido abertas vagas para a seleção de estagiários voluntários; com o intuito de evitar desistências e estimular o compromisso e a compensação pelas atividades desenvolvidas posteriormente, o Instituto conseguiu bolsas de estudo da Fundap.

Neder ressalta que um dos pontos altos na forma de trabalhar em hospital é a interdisciplinaridade e a interprofissionalidade. Aconteciam, constantemente, não somente interconsultas médico-psicológicas, como também, entre outras especialidades, fonoaudiologia, terapia ocupacional, enfermagem, etc. O conceito de interdisciplinaridade difundiu-se amplamente no meio da psicologia hospitalar, e vou retomá-lo mais adiante.

Rivalidade, dificuldade no posicionamento hierárquico, competição, proteção, colaboração foram elementos presentes nessa aprendizagem de trabalho hospitalar interdisciplinar. Neder constatou que, à medida que os profissionais das diferentes especialidades aprendiam a relacionar-se entre si, o relacionamento mais humano da equipe com os pacientes e seus familiares foi se tornando mais fácil.

Tratava-se de favorecer a entrada no círculo de relações e ligações, protegendo e desenvolvendo a capacidade de fazer relacionamentos na equipe e entre esta e os pacientes e seus familiares (1991:12).

Neder percebeu que uma das dificuldades encontradas no trabalho hospitalar é a indiscriminação do paciente. Ela se defrontou com a impossibilidade de discriminar um paciente entre tantos outros: o fato de existirem poucos profissionais para cada paciente acarreta atendimentos múltiplos e descontínuos. O psicólogo, nessas situações, pode ajudar por meio de consultorias, ações em pequenos grupos e unidades, na discriminação do relacionamento com o paciente. Para esse processo, valorizou-se a participação da família do paciente e o conhecimento dos pacientes em seu ciclo de vida: se é criança, adolescente, adulto ou velho.

A Divisão de Psicologia foi criada em 1987, e as atividades já existentes ampliaram-se para o Pronto-Socorro, Unidades de Terapia Intensiva e Setor de Entrosamento Psicológico com a Comunidade. Segundo Neder, o psicólogo hospitalar norteou-se pelo princípio filosófico básico de caráter humanístico, considerando o paciente na sua globalidade e integridade, vendo-o como uma pessoa única nas suas condições pessoais com seus direitos humanamente definidos e respeitados.

No Hospital das Clínicas da Universidade de São Paulo, as áreas de ação profissional são Assistência, Ensino e Pesquisa. A área de Assistência inclui:

1. Avaliação psicológica.

2. Tratamento psicológico e Prevenção. Conforme as necessidades, procede-se com:

    • psicoterapia com o paciente e com a família;
    • psicopedagogia;
    • psicomotricidade ou terapia psicomotora.

3. Consultorias e interconsultas psicológicas.

4. Assessoria psicológica.

SITUAÇÃO CLÍNICA 4

"El Espíritu de la Escalera"

Devo a escolha do título desta situação ao empenho da minha mãe para que eu atualize o espanhol. Depois de vinte anos morando em São Paulo, meu espanhol perdeu a fluência, ao menos conscientemente, pois a minha orientadora tropeça continuamente em estruturas hispânicas austrais na leitura da tese, e quando as aponta, percebo que é a estrutura do espanhol que permanece ali invisível, embora eu tenha escrito em português.

Minha mãe passa o verão longe das filhas, e costuma enviar pelo correio, durante esses meses, recortes de jornais uruguaios e argentinos, e revistinhas de palavras-cruzadas para que nós, "deslinguadas", resgatemos o vocabulário perdido. Minha filha, que é brasileira, recebe livros de autores de contos infantis rioplatenses para expô-la à língua e à cultura espanholas.

No mês de janeiro de 1998, enquanto escrevia estas situações clínicas, recebi uma cópia da *Revista de Domingo* do jornal bonaerense *La Nación*. Encontrei um artigo na seção Negro sobre Blanco escrito por Carlos Ulanovsky. O artigo se intitulava "El espíritu de la escalera".[1] Nele, Ulanovsky

---

1. Ulanovsky, C. El espíritu de la escalera. *La Nación*. Buenos Aires, 18 de janeiro de 1998. p. 62.

descreve muito vivamente o fenômeno que me acontece quase sempre (e, segundo ele, a 75% da humanidade também) nas reuniões semanais de discussão de casos clínicos na disciplina de Gastroenterologia Pediátrica.

Durante as reuniões, amiúde sinto que ora já disse tudo o que tinha a dizer para contribuir com meu olhar-escuta não-médico[2], ora acho que não tinha nada a dizer. Uma vez afastada da cena, citando o autor, "me retorço de impotência" quando percebo que poderia ter contribuído com algo esclarecedor para a discussão, mas que isso ficou esquecido, postergado ou evitado. Ulanovsky relata que essa "síndrome" foi concebida na França do século XVII por Molière, que a definiu como "espírito da escada".

> [Molière] dizia que os raciocínios mais demolidores e irrebatíveis lhe ocorriam quando as discussões haviam ficado para trás. E isto lhe provocava uma ira compreensível (1998:62).

Segundo Ulanovsky, isso acontece quando a nossa intenção é colocar os pingos nos "is" com tinta inapagável; é nesses momentos que, em qualquer degrau da escada — em cima, embaixo ou no meio —, aparece o espírito e se produz o branco mental.

Ao sair dessas reuniões, tenho a sinistra convicção de que no que eu disse não se encontrava o fundamental. Deveria agradecer ou amaldiçoar o espírito?

Essas reuniões acontecem semanalmente na disciplina. Coordenadas pelo chefe, têm como objetivo a apresentação de "casos difíceis" por parte dos estagiários[3], para

---

2. Ressalto que a contribuição é da ordem do não-médico, pois não poderia reduzi-la, considerando-a somente psicológica, no sentido de se referir às emoções ou ao psíquico, ou à dinâmica familiar.
3. Os estagiários são médicos formados, com especialização em pediatria geral e que estão se especializando em gastroenterologia infantil.

serem discutidos com os professores mais experientes. A dinâmica das reuniões revela uma tradição no hospital: mostrar quem sabe e quem não sabe. Os erros são sempre devidos à negligência, "burrice", um não saber cuja responsabilidade fica a cargo do estagiário ou, às vezes, da ineficiência da instituição no sentido mais vago. O que interessa é o raciocínio certo utilizado, o resultado obtido, o sucesso terapêutico; a processualidade não é considerada.

Com a ajuda de transparências, o estagiário relata "o caso", omitindo o nome do paciente por motivos éticos, apesar de na maioria das vezes todos saberem de quem se trata. Esses pacientes são encaminhados para a disciplina, para avaliação e acompanhamento, por apresentarem suspeitas de distúrbios gastroenterológicos. O especialista se aterá somente ao exame do aparelho gastroenterológico.

As descrições dos médicos sobre os pacientes são sucintas e objetivas, como alguém que olha o paciente de fora, como diria Oliver Sacks.[4] Os médicos às vezes cometem deslizes e mostram parte de um contexto mais amplo, por exemplo, uma doença de pele, ou alguma "interferência" social, cultural, emocional. Isso é relatado em um tom condescendente, por ter de incluir algo que não é fundamental e esclarecedor para o caso. E que, ao contrário, deveria ser eliminado, pois é como uma mosca que insistentemente pousa sobre a tela e incomoda a projeção.

Lembro-me de uma reunião, quando uma estagiária apresentava o caso de uma criança com distúrbio gastroenterológico: ela afirmava ter apalpado os testículos do menino durante o exame clínico e constatado que seu desenvolvimento sexual era "normal". Foi-lhe exigida uma

---

4. Gostaria de dizer que passo mal nessas aulas; sinto enjôo, náusea, dor de estômago e desconcerto quando se exclui do relato do caso o contexto mais amplo; quando se ignora o sistema biológico do qual o trato digestivo faz parte; quando se subestima o social, o emocional e o cultural no tratamento da doença; enfim, quando se desencarnam estes corpos doentes.

explicação, em tom de piada, de por que havia incluído em seu relato tal disparate, que nada tinha a ver com os sintomas gastroenterológicos.

Na maior parte das vezes, o estagiário que apresenta o caso não é o que está acompanhando o paciente; ele o faz apenas porque é o dia da "sua" apresentação.

Essa forma de apresentar freqüentemente propicia uma atitude mais distante em relação ao paciente; o relato às vezes torna-se mecânico, sem conhecimento do que levou o profissional a tomar essa ou aquela decisão.

Sempre me indago sobre qual seria a melhor forma de contribuir, já que sou insistente. Às vezes, logo pergunto o nome da criança ou faço perguntas com o intuito de tornar o "caso" mais pessoal, isto é, tentar obter uma visão do que o corpo dessa criança sente e pensa. Os relatos são tão desencarnados que às vezes indago, após todos os procedimentos discutidos, se a criança sente dor, ou qual é o seu incômodo.

Uma das reuniões que mais me impressionou foi o relato de um bebê de dois meses, cujo sexo foi mencionado mas rapidamente esquecido porque esse não era um aspecto fundamental. À direita da transparência, para não atrapalhar a exposição das consultas com os dados fundamentais, foram colocadas os seguintes dados: mãe de 19 anos, tem irmão mais velho de um ano e meio. Mencionou-se que a avó materna comparecia às consultas com a mãe e o(a) neto(a).

O bebê havia sido encaminhado porque regurgitava muito; mesmo algumas horas após as mamadas, apresentava vômitos e perdia peso. Descartou-se a suspeita de refluxo, após alguns testes; a suspeita de *má rotação* é levantada. A mãe retorna às consultas semanalmente, e se constata a insistente perda de peso. Logo depois das primeiras consultas, também se levanta a possibilidade de ser uma alergia alimentar, especificamente ao leite de vaca, já que a mãe não havia podido amamentar a criança (apesar de ter tido leite) e passara a alimentá-la com leite de vaca. A mãe foi orientada a relactar a criança, pois tanto ela quanto o pediatra achavam que isso ainda era possível. O bebê já ia para a segunda metade do segundo mês.

A essa altura, a estagiária foi interrompida pelo coordenador da reunião, para que informasse como havia sido essa orientação. Não tinha havido nenhuma orientação específica, senão a de tentar. O chefe sugeriu que um outro estagiário, M., comentasse o assunto. M. havia feito sua formação em Santos, em um centro que se orgulha da orientação multidisciplinar que dá à mulher grávida e à parturiente para que ela amamente o bebê o maior tempo possível.

Eu estava aflita e angustiada, imaginando o estado da mãe, com um bebê que não ganhava peso, só perdia. O que teria acontecido com essa dupla, com essa família, com essa avó que acompanhava tudo de perto? Voltar a amamentar parecia uma tarefa inexequível; sabia como o relactar é difícil, especialmente dois meses depois. O intervalo entre uma consulta e outra era de uma semana, e eu imaginava que essa mãe pudesse se sentir extremamente desamparada.

M. perguntou se havia sido dada alguma orientação sobre exercícios da língua, dos lábios, da boca do bebê. C., a estagiária que apresentava o caso, olhou atônita sem entender. Pensando bem, a boca e suas funções não fazem parte do curso de especialização em gastroenterologia pediátrica. Lábios, língua, céu da boca, coordenação muscular, estariam mais próximos do dentista ou da fonoaudióloga.

Aqui, gostaria de fazer uma pausa no relato, pois penso que é disso que Sacks nos fala quando aponta para visões parciais e reducionistas da doença. Os especialistas desconsideram a complexidade da doença e do corpo. Neste caso, suspeitava-se de uma alergia alimentar a partir dos resultados obtidos em uma biopsia intestinal. Nessa perspectiva, a conduta esperada estava correta:

retira-se o leite de vaca e reintroduz-se o leite materno, pois a criança está na faixa etária em que o leite materno é o mais recomendável, e a mãe acha que ainda tem leite. Tudo parece muito óbvio, pois parte-se do pressuposto de que tratar é aplicar técnicas de forma mecânica. Mas a alimentação para o bebê e para a mãe se dá dentro de um contexto. O intestino faz parte de um sistema biológico-existencial.[5]

M. alertou para a mudança na coordenação muscular de língua, lábios e posição da cavidade bucal, que ocorre quando a criança é amamentada com mamadeira. M. contou (e eu fui lembrando o curso multidisciplinar que havia feito sobre amamentação) que, ao estimular o lábio inferior do recém-nascido, este, mediante um reflexo inato, abre a boca e leva a língua ao piso da mesma, acanalando-a como uma colher. Desse modo o bebê leva o cone formado pelo bico e pela aréola do peito da mãe ao fundo da boca. Desencadeia-se então o reflexo de sucção. Mediante a massagem rítmica da língua "acolherada" que envolve o bico, o bebê extrai o leite, regulando seu fluxo e administrando o volume que ele pode manejar. Para poder seguir mamando, deglutindo e respirando ao mesmo tempo, o bebê precisa continuar "praticando" e reforçando essas condutas permanentemente, ganhando habilidade e amadurecendo todo o sistema músculo-esquelético do maciço facial.

Nosso bebê não havia tido essa oportunidade. O que iria acontecer?

Comecei a me lembrar das minhas conversas com Ethel Aronis, amiga e fonoaudióloga com quem aprendi sobre as ressonâncias no bebê da experiência bucal. Ao dar-lhe uma

---

5. Em um de seus livros, Sacks relata que, quando uma ferida cicatriza e "sara", não vemos quantos outros movimentos dos músculos estão presentes nesta cicatrização, e nesta adaptação à cicatriz. Há um processo de mudança, reconstrução não visível ao olho clínico.

mamadeira, estamos oferecendo-lhe uma experiência oral diferente, para a qual deve adaptar as pautas inatas. Ainda, quando usamos a mamadeira cuja saída de líquido ele não pode regular, o pequeno herói se vê obrigado a adotar medidas de emergência que privilegiam a respiração. Desse modo, para frear o ingresso brusco de líquido da mamadeira, o bebê deve bloquear a passagem levando a língua para trás e obstruindo, assim, em dois compartimentos a cavidade bucal. Quando a mãe volta a dar o peito, talvez ele não tome direito o bico e o rechace, ou não consiga massagear corretamente debaixo da aréola onde está o leite. Freqüentemente o resultado é uma mamada insuficiente, que, segundo alguns autores, provoca dor, e a dor é o principal inibidor do reflexo da descida do leite. O bebê chora, mãe e filho ficam insatisfeitos e frustrados, e o médico sente-se impotente. Ter conhecimento desse processo faz-nos olhar e sentir o mundo do ponto de vista do bebê.

Percebi que, aparentemente, somente M. sabia disso; os outros ouviam atentamente. Relactar não era somente tentar, era uma experiência biológica e existencial que envolvia inúmeras variáveis que não tinham nenhuma relação com a gastroenterologia.

M. continuou relatando a experiência de Santos. Eles sugeriam uma dose pequena de Dogmatil para a mãe, se por acaso tinha pouco leite; isso garantiria um bom fluxo. Desconhecia que remédio era esse, e perguntei a uma estagiária ao lado. S. me esclareceu: "É um remédio psiquiátrico, um antidepressivo." M. continuou, esclarecendo que a dose mínima de Dogmatil em psiquiatria era de 400 mg. Eles utilizavam somente 50 mg; portanto, não havia perigo de dependência ou de outros efeitos colaterais.[6]

Tangenciava-se o emocional. A mosca insistente na tela. Mas um produto químico bastava para solucionar o incômodo emocional.

---

6. Dogmatil é uma droga considerada ansiolítica.

C. ouviu todas essas informações e continuou descrevendo a evolução do caso. A relactação havia fracassado; tentou-se, então, introduzir sopa de legumes e carne, uma dieta hipercalórica, para que a criança não perdesse mais peso. Essa dieta também fracassou. O bebê começou a ficar desnutrido. Mais radiografias. Agora a suspeita de má rotação voltava a ser considerada, e o tratamento indicado era o cirúrgico. C. pergunta o que deve fazer.

M. havia, por um lado, ampliado o contexto da alimentação. Da mãe, da tristeza, da impotência, nada se sabia nem se precisava saber, "afinal, é o bebê que está doente!". Decidi encarnar a mosca novamente: comentei sobre como devia ser desesperante para a mãe acompanhar o caso, a criança perdendo peso e ela sem saber como agir. C. responde: "Ela não parece estar muito preocupada." Eu lhe disse, então, que nem sempre sabemos ou mostramos o que sentimos.

Nas crianças mais velhas que tenho acompanhado e que foram diagnosticadas como alérgicas ao leite de vaca, tenho observado uma musculatura bucal em geral hipotônica. Via de regra, o tratamento para alergias ao leite de vaca é a introdução de um leite especial hipoalergênico, extremamente caro, quase inviável para as mães que procuram o nosso ambulatório. Apesar de eu já ter apontado para a necessidade de um acompanhamento fonoaudiológico específico, isso não tem ocorrido. Em um caso em que eu mesma encaminhei a paciente, a avaliação da fonoaudióloga constatou que a criança não tinha problemas com a deglutição; portanto, não havia um empecilho fonoaudiológico para a alimentação. Nada foi esclarecido sobre a musculatura, sobre a estimulação, etc.

M. havia trazido outro dado, que era o uso do Dogmatil, e também o fato de que, em Santos, quando aparecia uma avó, era importante reeducá-la (eu pensei: ou incluí-la) também, já que sua influência sobre a filha ou nora às vezes é intensa. É outra que sabe por experiência.

A reunião estava se estendendo e não pude falar muito. Apontei a importância de se pensar que algumas condutas, como a de relactar, que consideramos banais, podem ter um peso invisível, seja do ponto de vista emocional, seja do ponto de vista da experiência biológico-bucal. Sugeri que seria importante convidar uma fonoaudióloga para discutir esses casos com ela. Após ter dito isso, achei que era o suficiente, que não havia me esquecido de nada. Mas, na saída, fui bombardeada pela sensação desagradável de que o fundamental havia escapado. "El espíritu de la escalera"...

CAPÍTULO IV

Deslocamentos e dispositivos

1. A QUESTÃO DO ESPECIALISMO: MULTIDISCIPLINARIDADE E CLÍNICA TRANSDISCIPLINAR. EM *OFF*, O QUE ESCAPA

Ao longo do presente trabalho temos visto que a inserção dos profissionais *psi* no hospital, nos vários espaços que ocupam — enfermarias, ambulatório, etc. —, vem se dando pela afirmação de um "saber sobre o psíquico" do paciente portador de uma doença orgânica.

Se, por um lado, o saber anatomopatológico outorgou à medicina certo poder sobre o funcionamento dos corpos, o conhecimento sobre o psíquico, por meio do domínio de técnicas para revelá-lo, garantiu poderes aos *psis* sobre o funcionamento das emoções, seus significados ocultos, assim como sobre as relações "interpessoais", estabelecendo, gradualmente, o especialismo *psi*.

Incorporando o modelo médico de assistência e médico-científico de pesquisa, os profissionais *psi* têm inovado pouco no que diz respeito à inter-relação psicologia-doença orgânica-medicina-hospital, perpetuando, assim, grande parte dos referenciais teórico-práticos.

A iniciativa deste livro partiu da insatisfação com os efeitos produzidos por esses tipos de práticas sobre os pacientes e suas famílias e sobre a equipe de saúde. Quanto ao paciente, observo que o efeito dessas práticas, na maioria das vezes, produz uma modelização do comportamento, a reprodução de formas de existir uniformes e adaptadas às expectativas da família, da escola, do médico, esvaziadas de seu potencial de criação, não havendo, no caso do tratamento, uma apropriação de seu corpo. Em relação à família, o efeito também é a modelização do comportamento da mãe-prótese ou do pai-prótese[1], pais submissos à ordem médica sem poder exercer uma atitude crítica, autônoma. Os membros das equipes de saúde mantêm, de modo geral, suas fronteiras de saber-poder invioláveis, trabalhando no regime de exclusão de outras regiões de saber, de submissão de umas às outras.

Os avanços nos estudos e nos tratamentos em Pediatria têm facilitado o aparecimento de especialidades voltadas para o conhecimento das particularidades dos órgãos e de suas funções. Nesse processo de especialização, o que temos verificado como um dos efeitos é que as especialidades tornaram-se "especialismos técnico-científicos", nos quais os profissionais são treinados para adquirir o domínio de técnicas com a finalidade de diagnosticar e tratar as doenças do "seu" órgão, perdendo ou excluindo, amiúde, a visão do contexto biológico, emocional, socioeconômico e cultural no qual a doença e sua evolução se constituem.

Já no Capítulo 1, lembramos Coimbra, que afirma que a divisão do trabalho também atende a uma demanda social do sistema capitalista.[2] A divisão social do trabalho, penetrando todos os espaços e separando os profissionais em tarefas especializadas, está a serviço de um melhor controle sobre o processo de produção, fiscalizando, hierarquizando e disciplinando.

Neves observa que no cenário teórico-político brasileiro os especialistas acabam trabalhando isoladamente, e que "Não

---

1. Inspirei-me aqui no termo utilizado por Neves, "sujeito-prótese" no artigo Teorias e práticas psicológicas em instituições públicas. (*Cadernos da Subjetividade*, São Paulo, ano 1, n. 1, 1996). Entendo "prótese" como substituto ou sucedâneo de uma parte perdida.
2. Cf. Coimbra, C.M.C., op. cit. p. 62.

conseguiram acompanhar a complexificação dos problemas vividos pelo homem contemporâneo" (1996:177).

O que observo é que algumas especialidades não somente trabalham de forma isolada, como também acabam desqualificando outras numa tentativa de submetê-las a moldes cientificistas. É comum ouvir nos departamentos de ensino médico: "Aqui a moeda é a produção científica." Quem não produz seguindo as linhas médico-científicas não obtém reconhecimento profissional.[3]

Entretanto, ainda que continue predominante o isolamento entre as disciplinas e, conseqüentemente, entre os profissionais que as representam, a complexidade com que as situações se mostram, especialmente quando se lida com doença e morte no contexto hospitalar, tem "desequilibrado" as forças que sustentam o isolacionismo.

Procurando abranger a complexidade da doença, a interação dinâmica dos diferentes fatores presentes na etiologia e na evolução da enfermidade e a articulação entre as disciplinas que trabalham de forma isolada, algumas experiências em equipes multidisciplinares e interdisciplinares têm sido constituídas.[4]

Nos hospitais, as equipes multidisciplinares de saúde freqüentemente espelham uma babel de visões fragmentárias do

---

3. Freqüentemente há convites dos médicos para que os psicólogos participem de uma pesquisa para publicação em revista científica. O convite vem, entretanto, acompanhado da condição de que sejam aplicados testes para obter-se dados mensuráveis e comparáveis em termos numéricos e classificatórios, como por exemplo testes de QI, testes de avaliação de personalidade, antes e depois de um tratamento. Percebo que a tentativa é de se chegar a definições de características universais e totalizantes.

4. Segundo Neves, "A interdisciplinaridade tentou efetivar trocas entre os diferentes saberes, embora preservando a unidade e natureza do objeto que se mantém como que inalterado frente à mudança do regime discursivo que busca dizer-lhe a verdade. O efeito, em alguns casos, é o da criação de outra disciplina, como aconteceu com a interseção entre psicologia e sociologia formando a psicossociologia" (op. cit. p. 177). A minha experiência foi em torno da multidisciplinaridade; por essa razão, não me estenderei sobre a interdisciplinaridade.

doente, os membros competindo entre si, marcando seu território de saber-poder, tentando provar seus especializados conhecimentos, tentando "dar conta da doença".

Nesse sentido, o psicólogo fica também legitimado a falar do emocional ou do psíquico. É isso o que se espera dele, é nisso que seu "saber-poder" consiste. Observo que essa forma de inserção do psicólogo na equipe multidisciplinar, na grande maioria das vezes, promove a psicologização dos conflitos vividos pelos pacientes e seus familiares. Tenho observado isso, regularmente, como membro e às vezes como coordenadora das reuniões da equipe multidisciplinar. Essas reuniões, realizadas com representantes do setor médico, de enfermagem, de psicologia, de serviço social, de recreação, com os familiares das crianças hospitalizadas na enfermaria, têm como objetivo oferecer aos familiares um espaço semanal para que possam expor dúvidas, trazer questões, críticas, ou seja, falar de tudo aquilo que, como participantes ativos, estão vivendo durante a internação da criança.

Eles trazem situações que despertam muita frustração, como por exemplo a da postergação abrupta de exames complexos, ou o adiamento de procedimentos cirúrgicos, que exigem um longo jejum da criança sem oferecer nenhum tipo de explicação. Essas situações são descritas com bastante angústia, raiva e dor. Nessas ocasiões, percebo que os membros da equipe se sentem paralisados e esperam que o psicólogo lide com essa "emoção". O psicólogo, freqüentemente "captando o clima emocional", escolhe o caminho de nomear ou "dar um sentido" a esse "turbilhão" de emocionalidade. Ouço comentários como: "Parece que você está com muita raiva"; "Você está muito angustiada"; "É difícil suportar um hospital que não é perfeito", etc. Essas palavras dos psicólogos me levam a indagar qual o intuito desse tipo de pontuação. Por um lado, isso perpetua a fronteira entre a equipe que cuida e o paciente-família a serem cuidados e, por outro, dentro da equipe, marca a divisão de trabalho, já que há alguém, um especialista, que sabe do que o paciente está falando, enquanto os outros nada têm a dizer. Fica bem claro, aqui, o que acima me referia como especialismo — o saber servindo para marcar o domínio sobre o qual apenas um sabe e, no mesmo movimento, descartar/excluir os que não sabem.

No caso dos profissionais *psi*, a utilização de "decodificação", "interpretação", etc. transforma os acontecimentos em "expressões subjetivas". É isso que chamo de "psicologização dos conflitos". Enquanto a equipe não puder analisar suas implicações com as diferentes instituições presentes na situação (instituição da cura, da morte, da família), ela continuará a buscar explicação para o paciente sobre o que ele está vivendo, "dando um sentido" à sua fala.

Outras vezes, como coordenadora dessas sessões grupais, quando os familiares permaneciam em silêncio ou falavam pouco, alguns membros da equipe me perguntavam por que eu não utilizava "técnicas" (psicológicas) para fazer com que os pais falassem mais. Aqui também percebe-se que a expectativa é de que o *psi*, um especialista, recorra à sua tecnologia específica para lidar mecanicamente com o psíquico, e assim obter um resultado mais "positivo" do paciente ou de seus familiares, um resultado que se aproxime das expectativas da equipe. O efeito nos pais é de que muitas vezes eles deixam de explorar seus próprios saberes de como cuidar do filho-doente-diferente e, ao serem excluídos, se submetam aos saberes da equipe dos "multissaberes".

Durante muito tempo mantive, como coordenadora do grupo, uma forma de apresentação dos acompanhantes dos pacientes, em que registrava, por escrito, o nome do acompanhante, o nome da criança que acompanhavam, o número do leito, o tempo de internação, o vínculo entre eles e a criança (se era mãe, pai, tio), e a razão pela qual, segundo eles, a criança estava internada. Achava que essa era a melhor forma de lembrar e identificar cada um. À medida que passava o tempo, percebi que essa apresentação mantinha uma fronteira entre a equipe que cuida e sabe e o paciente que está doente e desinformado, mesmo que depois, no decorrer da sessão, houvesse uma tentativa de valorizar seu saber sobre a doença. O que me levou a mudar foi perceber que isso tinha se tornado um ato mecânico ao qual prestava pouca atenção, e que eu começara a deslocar meu olhar-escuta aos comentários "espontâneos" entre as respostas às perguntas previamente definidas.

A solicitação pelo uso de técnicas, como relatado acima, e a forma de apresentação utilizada mecanicamente com o decorrer do tempo se sustentam na idéia de que sujeito e objeto são dois pólos de uma relação. Sujeito e objeto são realidades já dadas, preexistentes ao exercício do conhecimento, onde o sujeito conhecerá o objeto.

Como nos dizem Passos e Benevides (1997), o que aí se sustenta é a suposição de um pesquisador de que é "neutro e independente em relação às estruturas de poder da organização estudada" (1997:3).

O uso de técnicas tal qual apontado reveste-se, além do mais, de uma outra característica: a busca da "mudança de comportamento". A técnica é utilizada para a obtenção de um resultado, para a alteração de uma conduta, para outra previamente definida como a mais correta. As técnicas, como fazeres de especialistas, mantêm o jogo saber-poder funcionando para que as fronteiras disciplinares não se alterem.

É o caso da multidisciplinaridade, como apontado por Passos e Benevides:

> um diálogo entre profissionais mais identificados com tal ou qual disciplina, remetidos, na maior parte das vezes, a determinados especialismos [...] o movimento de disciplinas que se somam na tarefa de dar conta de um objeto que, pela sua natureza multifacetada, exigiria diferentes olhares (1997:10).

Apesar de a multidisciplinaridade ser uma tentativa de flexibilização dessas fronteiras disciplinares, ela traz, como efeito, segundo os autores, a manutenção delas mesmas, dos objetos e dos sujeitos desses saberes. O objeto acaba sendo "multianalisado".

Na interdisciplinaridade, os autores apontam que há uma tentativa de efetivar trocas entre as disciplinas, embora mantendo a unidade e a natureza do objeto, que continua inalterado perante a mudança do regime discursivo que lhe outorga a verdade. O efeito em alguns casos é a criação de outra disciplina.

Na proposta de Clínica Transdisciplinar, Neves (1996) questiona a noção de disciplina, desnaturalizando-a, não com o intuito de negar sua especificidade, mas trazendo para o campo de análise sua história, seu caráter temporário e parcial e os recortes que imprime na prática.

> Problematizam-se os limites entre as disciplinas, entre sujeito/ objeto, teoria/prática e ciência/filosofia, a ponto de estas fronteiras se tornarem instáveis, levando à produção de um regime discursivo híbrido bem diferente da forma hierarquizada e estanque das disciplinas instituídas (1996:2).

É o caso da pesquisa-intervenção, uma outra forma de pensar a relação pesquisador-campo de pesquisa, sujeito-objeto. Emergente do movimento institucionalista, nas décadas de 1960/ 1970, sua preocupação gira em torno da criação de um outro paradigma para se pensar as relações homem-mundo.[5]

A pesquisa-intervenção é um procedimento de aproximação com o campo e revela que sujeito e objeto se engendram no exercício/ato de conhecimento no mesmo momento. Há uma preocupação com o processo, e não com um objetivo definido previamente, com um resultado a ser atingido, desmanchando-se a dicotomia teoria/prática.

Se, por um lado, tradicionalmente, o "momento teórico" do conhecimento constituía-se em um sistema de inteligibilidade para apreender o objeto, e o "momento prático" era o de aplicar a técnica que dizia respeito à intervenção sobre o objeto, a linha

---

5. Segundo Passos e Benevides, o movimento institucionalista abrange as correntes da psicoterapia institucional, tanto em sua versão tosquelliana, quanto na versão Guattari-J. Oury, bem como as correntes da pedagogia institucional. Destacam, ainda, a corrente da socioanálise de Lourau-Lapassade, que no Brasil passou a ser mais identificada como "Análise Institucional".

de pesquisa-intervenção ressalta sempre o caráter "intervencionista do conhecimento", segundo o qual "todo conhecer é um fazer". (Passos e Benevides, 1997:9)

Os pesquisadores contemporâneos das ciências naturais afirmam a construção do sujeito e do objeto pelo ato de conhecimento, atribuindo à ciência um caráter inventivo.

Para Francisco Varela, biólogo contemporâneo, o ato de conhecimento é uma "enação":

> o mundo não é algo que nos é dado, mas é alguma coisa em que temos parte graças ao modo como nos movemos, tocamos, respiramos e comemos. Eis o que chamo de cognição como enação, partindo das conotações semânticas do termo "enação" que sugerem o fazer emergir mediante a manipulação concreta.[6]

A proposta de Clínica Transdisciplinar constitui-se numa tentativa de sustentar e enfrentar teórica e tecnologicamente as dificuldades específicas encontradas na clínica *psi*. O intuito é ampliar o campo mantendo abertas as fronteiras, deixando-se interpelar por outras áreas de conhecimento que poderiam ajudar a criar novas estratégias de intervenção.

Ao deparar com essa perspectiva, várias questões e insatisfações que emergiam da clínica e do trabalho multidisciplinar começaram a encontrar voz. Nessa perspectiva, percebi que a insatisfação em relação à forma predominante de atendimento das práticas *psi*, apresentadas no Capítulo 3, onde se divide psicodiagnóstico e acompanhamento — momento no qual conheço o paciente (psicodiagnóstico) e momento no qual intervenho (acompanhamento psicoterapêutico do caso) —, emergia desse pressuposto, dessa dicotomia teoria/prática, sujeito/objeto.

Nas situações relatadas que entremeiam os capítulos, procurei apresentar o que ouvi e olhei do corpo que escapa às

---

6. Varela, F. Sobre a competência ética. Apud Passos, E.; Benevides, R., op. cit. p. 17.

especialidades e aos saberes dissociados uns dos outros, argüindo sobre o corpo do qual cada especialidade parece se encarregar, ao "universalizá-lo", "compreendê-lo" e "explicá-lo". É o corpo ao que tenho me referido como o "corpo em *off*", ou seja, aquele que não se escuta nem se vê pois está desligado do circuito dos especialismos, mas que está presente o tempo todo.

As situações que apresentei ao longo deste trabalho põem em evidência a necessidade de fazer conexões que ultrapassem as fronteiras tradicionais compreendidas pela atividade *psi* no hospital, seja esta nomeada como psiquiátrica, psicológica ou psicanalítica, procurando estratégias híbridas de intervenção.

Nesse sentido, tem sido um desafio para mim poder deslocar o olhar-escuta deixando-o perambular pelos lugares mais inusitados, que não me são "dados" *a priori*, criando territórios, destacando fatos e falas, recortando "corpos em *off*", com o intuito de neles inventar espaços para problematizar e desnaturalizar práticas estéreis, iatrogênicas do contexto hospitalar.

O que tem norteado minhas intervenções volta-se para a análise dos efeitos que as estratégias particulares de cada especialismo produziram, quais processos de subjetivação engendraram, que movimentos institucionais deslancharam nos pacientes, na equipe de saúde, no contexto hospitalar.

A seguir, apresentarei dois dispositivos utilizados com os pacientes e seus familiares — arte e comida — na tentativa de criar novas formas de intervenção, novos movimentos na engrenagem institucional.

2. Arte, subjetividade e clínica

a) Arte/clínica

A arte é o campo privilegiado de enfrentamento do trágico. Um modo artista de subjetivação se reconhece por sua especial intimidade com o enredamento da vida e da morte. O artista consegue dar ouvidos às diferenças intensivas que vibram no seu corpo-bicho e, deixando-se tomar pela agonia de seu esperneio, entrega-se ao festim do sacrifício. Então, como uma gigantesca couve-flor, abre-se seu corpo-ovo, de onde nascerá junto com sua obra, um outro eu, até então larvar.

Artista e obra se fazem simultaneamente, numa inesgotável heterogênese. É através da criação que o artista enfrenta o mal-estar da morte de seu atual eu, causada pela pressão de eus larvares que agitam-se no seu corpo. Tal enfrentamento, o artista opera na materialidade de seu trabalho: aí se inscrevem as marcas de seu encontro singular com o trágico festim. Marcas desta experiência, elas trazem a possibilidade de sua transmissão: ampliam-se na subjetividade do receptor as chances de realizar a seu modo este encontro, aproximar-se de seu corpo-vibrátil e expor-se às suas exigências de criação (Rolnik, 1996:44).

As trajetórias contemporâneas no campo das artes plásticas envolvem principalmente a recusa ou a problematização da representação. O estudo da arte contemporânea é elucidativo para o estudo da subjetividade contemporânea, já que coloca questões que atravessam os dois campos problemáticos. Assim, algumas experimentações no campo da arte podem ser transmitidas à clínica, entendida enquanto prática também experimental (Rauter, 1998:152).

Esta experiência iniciou-se em 1997, a partir de algumas observações que vinha fazendo nos grupos de acompanhamento de crianças na disciplina de Gastropediatria.[7] Essas crianças estavam em atendimento já havia algum tempo. Percebia que haviam ocorrido mudanças significativas de diferentes ordens: em alguns casos de constipação intestinal crônica, acontecera uma melhora

---

7. Realizo acompanhamentos psicoterapêuticos de crianças que são encaminhadas por diferentes membros da equipe de saúde: médico, nutricionista, enfermeira, psicopedagoga da disciplina. Os pais também participam de grupos terapêuticos mensais ou, quando necessário, de uma freqüência maior.

do quadro após um trabalho focalizando a criança, a dinâmica familiar, as expectativas do médico, da escola e dos pais. As queixas dos pais não eram mais tão "ortopédicas" como no início. Em outros casos, as crianças queixavam-se menos de dor abdominal e traziam mal-estares gerais sentidos nas relações com os colegas, professores e pais. Observava também que os pais toleravam as mudanças de ânimo das crianças sem se alarmar tanto; permitiam ainda que fossem mais autônomas e não as tratavam como sintomas a serem eliminados.

Porém, observava que a criança na sua produção gráfica, no brincar, expressava pouca criatividade, pouco risco, pouca "paixão". No desenhos, nos jogos, havia competição, muitos modelos estereotipados e uma preocupação excessiva com a forma, com o resultado, e pouco prazer com os efeitos do processo, do criar.

A Universidade Federal de São Paulo fica perto do Pavilhão da Bienal, onde, na época, estava acontecendo a Bienal. Eu a havia visitado, e o efeito sobre mim fora impactante. Descrever as marcas é difícil, mas havia uma sensação de estranheza, de perturbação e ao mesmo tempo de vontade de incursionar na criação. Lembrei-me de que as imagens, por exemplo de um sonho, tinham um poder às vezes muito maior do que as palavras para alterar estados subjetivos. Também me lembrei do afã em procurar um "sentido" explicativo, como para destruir esse efeito "invasivo", não suportando retê-lo nesta forma não-lingüística.

Comecei a me indagar sobre o papel da dimensão do não-lingüístico, do não-proposicional nos processos de subjetivação.

Benilton Bezerra Jr. (mimeo, s.d.) analisando os efeitos da metáfora na construção subjetiva, percorre as idéias de Davidson destacando que, para o autor, os efeitos de inovação e ruptura do uso da metáfora transbordam os limites da linguagem representacional e mesmo do universo proposicional. Para Bezerra,

> Esse "transbordamento" permite um entendimento peculiar dos mecanismos por meio dos quais elementos não-racionais —

exteriores ao campo simbólico, ou à malha de significações — podem servir de estímulo causal na produção ou indução de transformações e inovações no campo da vida subjetiva, reconfigurando a experiência do sujeito, reordenando o modo como se deixa afetar pelo mundo (s.d.:9).

O texto permitiu-me indagar se os efeitos de inovação e de ruptura que uma obra de arte, por exemplo de *ready-made art* (arte já pronta), ou seja, quando um artista se aproveita de objetos já existentes para dar-lhes um sentido inesperado, poderiam se assimilar aos efeitos descritos por Bezerra.

As exposições na Bienal chamavam-me a atenção por esse tipo de efeito. Aproveitar-se de objetos, já "naturalizados" no seu uso, e imaginá-los num contexto completamente inusitado.[8] O efeito que provocava este estilo de arte achava um canal de expressão e fundamentação teórica no texto de Bezerra, impulsionando-me a experimentá-lo na clínica, expondo às crianças as obras. Afinal de contas, não é a isso que a clínica transdisciplinar se propõe? Apostar na desnaturalização das práticas já desgastadas e estanques, desestabilizando as fronteiras para produzir hibridizações?

E se eu levasse as crianças a visitar a Bienal? Imaginei que a maioria delas não havia tido contato com esse tipo de arte "disruptiva". Muitas haviam consolidado uma forma de desenhar e de pintar denotando uma preocupação com a forma, e ainda, com algo "bem-feito". "Caprichar" no desenho significava, por exemplo, não deixar que um traço saísse dos limites da figura. Um traço não existia sem um sentido prévio, já imaginado. O resultado era mais importante do que aquilo que ela expressava através do trabalho. Várias vezes ouvia: "Que posso desenhar hoje?" Precisava vir uma idéia primeiro, e depois essa idéia seria representada no papel. Freqüentemente, depois de acabado o desenho, a criança

---

8. É interessante notar a aproximação da *ready-made art* com a da *bricolage*: "aproveitar coisas usadas, quebradas ou apropriadas para outro uso, em um novo arranjo ou em uma nova função". Cf. texto de Neves, C. A. B., op. cit. p. 4.

olhava com desaprovação: "Que droga!"; "Não saiu bem-feito!"; "Não era isso que queria desenhar!".[9]

Diga-se de passagem que eu havia tentado várias vezes trabalhar essas preocupações, essas insatisfações. "Às vezes a gente não controla o traço!"; "A mão faz aquilo que ela quer!". Outras vezes havia tentado, por meio de um ato — o de cobrir os olhos —, pedir que a criança desenhasse o que ela quisesse. Era uma técnica cuja finalidade pretendia aliviar a criança da intencionalidade ou do controle, da "responsabilidade" de fazer algo "bonito" ou "bem-feito", "distraindo-a" para o efeito surpresa no final. Dessa forma, poderia ficar mais bem registrado o efeito do processo e não tanto o resultado. Freqüentemente, a criança rejeitava aquilo que tinha criado "sem querer".

Lembrei-me da sensação de vertigem que tenho quando estou pintando e não sei como vai ficar; da incerteza provocada por um resultado que não depende somente daquilo que tenho vontade de pintar, mas de um processo no qual não entra apenas a intencionalidade, e sim os materiais utilizados, o quanto eles conflituam entre si, o efeito que desperta sua combinação etc. Tentei, então, acompanhar as crianças em seus processos singulares.

Decidi levar algumas reproduções de obras de artistas brasileiros e latino-americanos. Não me lembro de todos, mas olhamos reproduções das mulatas de Di Cavalcanti, de algumas obras de Milton da Costa. Perguntava-lhes o que elas achavam. Percebi que olhavam com uma certa condescendência, talvez porque eu os mostrasse com expectativa, para algo que não lhes interessava muito, ao menos à primeira vista.

---

9. Gostaria de ressaltar que conheço algumas linhas de trabalho que enfatizam que faz parte de algumas fases de desenvolvimento da capacidade criadora da criança prender-se à forma. Cf. Lowenfeld. *Desenvolvimento da capacidade criadora*. São Paulo, Mestre Jou, 1970. Entretanto, o que tento ressaltar nas minhas observações é que nessas crianças há uma preocupação excessiva com o resultado, isto é, com uma "boa forma", esvaziada da sua função; atingir esta boa forma é para elas uma maneira de obter reconhecimento, do professor, do médico e da mãe.

Fomos à Bienal. A experiência teve repercussões importantes. Durante a visita fui observando aquilo que chamava a atenção das crianças. A construção do prédio, com as rampas de acesso, impressionou os meninos. À medida que subiam, paravam para olhar a vista do parque do Ibirapuera e da cidade. As primeiras obras, não recordo os nomes dos artistas, foram perturbadoras, porque, dependendo do ângulo que se escolhia para olhá-las, não se via nada. Alguns somente percebiam isso após algum tempo. "Aqui não tem nada!", disse um deles.

A menina V. expressou o medo que tinha de "entrar" em uma das obras, pois estava muito escuro; V., de forma geral, era muito contida, raramente desenhava alguma coisa por "vontade própria". "Estou com medo de entrar", dizia-me naquele momento. Não me lembro de ela ter falado de uma emoção dessa forma alguma vez antes. Entramos juntas e ela se divertiu, rindo, às vezes, nervosamente; saiu muito satisfeita.

Muitos se impressionaram com *A aranha*, da escultora francesa Louise Bourgeois; o tamanho era perturbador e sensacional. Entravam e saíam por entre suas patas. Lembro que havia algumas esculturas de Tomie Ohtake em um vão do prédio e que as crianças olharam atentamente de todos os ângulos.

Falamos bastante da exposição durante algumas sessões após a visita. Para a maioria das crianças, a exposição tinha se tornado um marco, ao qual nos referíamos quando uma forma "previamente imaginada" "não saía".

No segundo semestre de 1997 aconteceu uma outra exposição dos trabalhos de Flávio Império. Pouco conhecia esse cenógrafo, arquiteto, ator. Em um artigo no jornal *O Estado de S. Paulo*, de 13 de setembro de 1997, Mariângela Alves de Lima cita uma frase dele: "Não sou pintor, nem cenógrafo, nem professor, nem arquiteto; ando na contramão das profissões, sou um curioso."

A jornalista o descrevia como um crítico mordaz dos procedimentos consolidados da arte e da cultura. Procurando não repetir padrões, "o artista mesclou linguagens de diferentes ofícios". Nas suas soluções não convencionais, tanto na arquitetura quanto na cenografia, Flávio Império insistia em desacomodar a semântica e a sintaxe da arte.

Surpreendia-me com a proximidade de alguns artistas com a proposta de Clínica Transdisciplinar. Segundo alguns artigos que tinha lido sobre Flávio Império, ele havia revolucionado a relação cenografia-público no Brasil.

A visita à exposição pôde ser trabalhada a partir dos efeitos que produzia a cada encontro, a cada nova investida pelos caminhos expressivos que criávamos. Lembro o comentário de um dos meninos quando se defrontou com um desenho de Império, um desenho-rascunho de como seria o jardim de sua casa. Um pouco indignado, o garoto comentou: "Aí ele estava sem vontade de desenhar!". O desenho parecia ter sido feito "às pressas", os traços apenas esboçavam aquilo que o artista havia "imaginado para seu jardim". Surpreendia-me a exigência do garoto e o "menosprezo" que o rascunho recebia. Quando lhe perguntei o que o incomodava, ele me disse que não estava pronto e, portanto, como exibir algo não acabado?

Parecia haver nessas crianças uma relação despótica, de dominação das formas do mundo "real", "perfeito" que eles queriam representar no papel, na argila ou através de outra técnica, e aquilo que eles conseguiam desenhar. A produção deles raramente tinha vida própria, revelando parcimoniosamente o processo de fabricação; era visto por eles como "uma imitação medíocre do mundo perfeito".

Nesse sentido, a arte contemporânea, com sua principal característica de prescindir do mundo "real", rompe com esse aspecto — vivenciado pelas crianças como tirânico — da representação. Abrem-se caminhos para experimentar a criação de objetos autônomos, de viver processos singulares, de fundir arte e vida.

Os meninos ficaram muito surpresos quando depararam com um projeto de uma casa no papel. A exposição mostrava várias etapas da construção de uma casa: o projeto no papel, uma maquete e finalmente fotos da casa construída. Esse processo os fascinou; nunca haviam imaginado que uma casa poderia estar num plano bidimensional, que um projeto envolvia algumas fases e que um produto não "nascia" pronto. Por outro lado, a casa no papel era uma casa completamente diferente daquela da maquete, que por sua vez tinha sua autonomia da casa no "chão". Cada experiência era uma fase de um projeto global, mas também apontava a experimentação de novas formas de ver/viver a casa. Apontei para ligações entre os "projetos" deles e o processo de imaginar e construir uma casa.

b) Comida/clínica

> Food — because of the fact that you ingest it and not just look at it — has a unique impression on people. Because it goes across your tongue, because taste and smell are the most evocative of our senses, we react in strongly animal ways — these were protective devices for us for so many millenia. Taste and smell are something we have to reckon with carefully. I mean, we're not going to pour out a whole big plate of bitter stuff for our customers, just so that they can have a strong, negative reaction to it. On the other hand, if you go to a good piece of theatre, you might see something incredibly ugly put in front of you. You are intended to have a visceral, negative reaction to it. We don't do that with food, do we? Do we have the equivalent of sad or angry or hateful flavours? If we don't, does that make food less an art than a folk art or craft? (Rick Bayless, citado por Dornenburg e Page, 1996:20-21).[10]

Com este grupo me aproveitei de um outro dispositivo. Em geral, a maioria desses pacientes fazem algum tipo de dieta. Os que têm constipação crônica intestinal precisam se submeter a um

---

10. "A comida, por ser ingerida e não somente olhada, provoca uma impressão única nas pessoas. Pelo fato de ela percorrer a língua, e de o gosto e o cheiro serem os sentidos mais evocativos, reagimos de maneira intensamente animal — considerando que são mecanismos de proteção há milhões de anos. O gosto e o cheiro são algo a se considerar cuidadosamente. Refiro-me ao fato de que não vamos oferecer um prato de algo amargo aos nossos clientes com o intuito de evocar neles uma reação negativa intensa.

regime com muita fibra com o intuito de formar um bolo fecal menos duro. As nutricionistas da disciplina os orientam, mas constatam, junto com os médicos, que seguir a dieta com mais verduras e fibras de cereais é difícil. As mães reclamam que não conseguem que os filhos comam esses alimentos; em geral elas os colocam na comida sem eles saberem. Percebo que a sugestão dos ingredientes, por si só, não é atrativa, e observo pouca criatividade por parte das nutricionistas e das mães para tornar os alimentos mais apetitosos.

Durante uma das sessões de grupo que realizo com essas crianças semanalmente, falou-se bastante do Japão, das artes marciais, dos costumes japoneses, e percebi que havia uma fascinação por essa cultura. Perguntei-lhes se haviam experimentado a comida japonesa e ninguém o havia feito. Muitas dessas crianças passam por consultas com as nutricionistas com o objetivo de receber orientação sobre a dieta adequada para cada uma. As mães desses pacientes com freqüência reclamam que a criança não aceita as modificações na dieta ou a introdução de alimentos diferentes do que está acostumada a ingerir.

O ambulatório da Gastropediatria dispõe de uma cozinha para uso experimental. Junto com as nutricionistas, selecionamos alguns ingredientes "típicos" da comida japonesa, vasilhas apropriadas, talheres, e preparamos uma mesa japonesa. As nutricionistas introduziram os pratos e a forma de usar os "palitos".

O impacto do contato com os gostos diferentes foi intenso: para algumas crianças, o sabor agridoce foi insuportável. Uma precisou cuspir fora a comida, pois lhe dava ânsia de vômito, mas continuou querendo experimentar os demais sabores. Outras se interessavam mais em adquirir destreza no uso dos "palitos". Falamos bastante sobre o contato com um gosto diferente, impossível de ser imaginado, das reações singulares de cada um em relação a

---

Por outro lado, se assistimos a uma boa peça de teatro, podemos ver algo incrivelmente feio na nossa frente. O objetivo é ter uma reação visceral negativa. Não fazemos isso com a comida, não é? Teríamos o equivalente a sabores tristes, raivosos ou odiosos? Se não os temos, será que isso significa que a comida é menos 'arte' do que artesanato?"

um novo gosto. Ninguém foi obrigado a comer. A vontade de experimentar ia surgindo à medida que se criavam oportunidades de contato com os cheiros e as cores. Alguns resistiam, tinham muito medo de provar, e esses medos foram ouvidos, acolhidos; tinham vontade de arriscar e entrar em contato com o "provar" outros caminhos, mas também temiam conhecer o novo.

Penso que se tomarmos o conceito de metáfora de Davidson, essa experiência pode ser considerada um dispositivo-metáfora. Na versão de Davidson, segundo Bezerra,

> uma visão insólita, um som jamais ouvido, uma sensação desconhecida (ou seja, elementos não apropriados lingüisticamente) podem causar efeitos de sentido, ou seja, podem funcionar como metáforas, pois na medida em que afetam um sujeito de um modo que ele não reconhece, impelem o sujeito a responder de modo diferente do habitual, construindo novas atitudes proposicionais frente a sua experiência de si e do mundo (s.d.:7).

A experiência com as cores, sabores e olfatos conectava-se com a experiência clínica justamente pelo que ela tem de dimensão não-lingüística. Dispositivos não-lingüísticos agenciaram novas percepções capazes de produzir efeitos-subjetividades singulares. Escapávamos da serialização das técnicas da clínica, investíamos no corpo dos afectos.[11]

Ressalta-se aqui que, para Davidson, o efeito da metáfora não se explica nem pelo fato de possuir um sentido a partir de duas idéias, nem por dizer algo que implica outra coisa. O efeito da metáfora não se produz pela tentativa de decifrar ou interpretar alguma intencionalidade latente ou algum sentido pré-verbal à espera de revelação.

A metáfora obriga a pessoa a lidar com uma surpresa, com um estranho perturbador, capaz de evocar sentidos imprevistos,

---

11. Corpo dos afectos — corpo não orgânico; corpo passível de afetar e ser afetado por outros corpos. Corpo do afecto porque produziu afecção, porque contagia e é contagiado.

provocando ou induzindo o sujeito a uma reorganização do valor de verdade de um conjunto de crenças e descrições estabelecidas, modificando-as, ou criando outras, como efeito da perturbação da afetação causada por ela (s.d.:9).

Tenho aproximado a clínica com crianças com doença orgânica da arte como uma das alternativas de intervenção em relação ao trabalho de muitos *psis* que insistem em procurar significações num referencial da história biográfico-familiar para os sintomas da criança ou, como apontei no Capítulo 3, em "significantizar a angústia", como forma de ajudar a criança a elaborar seus conflitos e, dessa forma, não somatizá-los. Como já apontei, isso leva, amiúde, a uma estéril psicologização da doença.

Os trabalhos publicados sobre o tema, como descrevi na Introdução deste livro, ressaltam a necessidade de que, para que a produção gráfica ganhe eficácia, ela precisa ser permeada pela palavra. A fala da criança associada à produção atualiza e articula os conflitos inconscientes. A palavra, então, ocupa o lugar de iluminador daquilo mascarado no desenho, na modelagem ou na brincadeira. Haveria algo, um sentido, a ser liberado, simbolizado.

João A. Frayze-Pereira (1996) aponta para o fato de que alguns psicanalistas discorrem sobre garatujas infantis e expressões modernas,

> E chegam a algumas constatações que se situam quase sempre sobre o registro genético, reduzindo a obra à função sintomática de mascarar significados que o sujeito do saber psicanalítico crê desvelar por um poder interpretativo oriundo desse saber (1996:128).

Já encontramos alguns profissionais que diferem dessa visão, como poderíamos dizer, do *establishment* [12] psicanalítico,

---

12. *Establishment*: grupo poderoso que tacitamente controla um dado campo de atividade, em geral de maneira conservadora. Cf. *The American Heritage Dictionary of the English Language*. Nova York: American Heritage Publishing/Houghton Mifflin, 1970.

e que tentaram escapar daquilo que lhes foi designado como sua especialidade.

Minha experiência com crianças tem demonstrado que tanto o fazer artístico quanto o contato com a arte, em suas variadas expressões, produzem cada qual um efeito no corpo e que freqüentemente, quando este não se interrompe ou se dissipa através de um deciframento, provoca algum tipo de perturbação na organização da criança, na sua vida, evocando sentidos imprevistos, abrindo brechas para questionamentos, desnaturalizando o já dado. Percebo que, muitas vezes, o contato com a arte moderna e contemporânea produz desassossego, inquietude, estranhamento, revolta, desnorteamento.

Poucas crianças se atrevem a sair da norma esperada e exigida na escola, no tratamento clínico, na família, no fazer artístico. Arriscam-se pouco. Há nelas marcas de normas e ritmos impressos pelos outros, no funcionamento do corpo, na aprendizagem, no caminho à autonomia. Coincidentemente, a equipe de saúde que trata a criança vive uma passividade institucional. Percebo pouca "entrega visceral", uma tendência a seguir regras rígidas e impô-las aos pacientes e familiares, transformando os contatos, amiúde, em práticas assépticas. Crianças que não obedecem às ordens da escola, da família, dos médicos e da equipe de saúde se tornam facilmente "crianças-problemas" e seus mal-estares são rapidamente capturados nas patologias. Sem um saber prévio, e com nenhuma certeza, me aventurei por caminhos diferentes para me aproximar do sofrimento dessas crianças.

Grande parte delas, quando chegam, brincam, desenham, modelam como lhes foi ensinado; se não tiveram tais oportunidades anteriormente, acham que não sabem. A modelagem, o pintar, o desenhar, a arte em geral, as confronta com o imprevisto, seja no que se refere à consistência do material, como a argila, ao tipo de tinta, cada qual se prestando a um tipo específico de trabalho, seja àquilo que se furta do risco ou do traço programado. Observo que confrontar-se com o não-preexistente é perturbador; deparar com o que "se modelou", apesar delas, é assustador, desmanchador das formas e das figuras já conhecidas, mas é também potencializador, pois faz circular formas de ver, de pensar e de se deixar afetar.

Empresto de Deleuze (1997) o conceito de doença como parada ou interrupção de processo. Para ele, "A neurose, a psicose não são passagens de vida, mas estados em que se cai quando o processo é interrompido, impedido, colmatado" (1997:13).

Então, poderíamos dizer que essas crianças que chegam doentes sofreram uma interrupção em seu processo de expansão de vida.

O fazer artístico não significa dar forma a um conflito oculto, preexistente, necessariamente pessoal; ele constitui-se num processo, no acionamento de devires na possibilidade de passagem de um estado a outro. Poderíamos dizer, acompanhando o pensamento de Deleuze, que a arte, como

> A literatura aparece, então, como um empreendimento de saúde: não que o escritor tenha forçosamente uma saúde de ferro (haveria aqui a mesma ambigüidade que no atletismo); mas ele goza de uma frágil saúde irresistível, que provém do fato de ter visto e ouvido coisas demasiado grandes para ele, fortes demais, irrespiráveis, cuja passagem o esgota, dando-lhe contudo devires que uma gorda saúde dominante tornaria impossíveis. Do que viu e ouviu, o escritor regressa com os olhos vermelhos, com os tímpanos perfurados. Qual saúde bastaria para libertar a vida em toda parte onde esteja aprisionada pelo homem e no homem, pelos organismos e gêneros e no interior deles? (1997:14).

O artista tradicionalmente enfrenta as tensões e o mal-estar vividos no corpo, pelo corpo não-orgânico, pelo corpo sensível, e os trabalha na materialidade da sua obra. Suely Rolnik (1996) nos aponta o fato de que a produção do artista evidencia as marcas do seu enfrentamento singular com a vida e a morte:

> Marcas desta experiência, elas trazem a possibilidade de sua transmissão; ampliam-se na subjetividade do receptor as chances de

realizar a seu modo este encontro, aproximar-se de seu corpo-vibrátil e expor-se às suas exigências de criação (1996:44).

Essa psicanalista se refere à arte como uma "reserva ecológica das espécies invisíveis que povoam o corpo-bicho" (1996:44). O artista se acostuma a transitar nessa reserva encontrando matas virgens para o mal-estar; mas, no resto da população, o mal-estar experienciado pela intimidade com a vida e a morte encontra poucos lugares e figuras para poder ser vivido.

O médico, o professor e a família, os profissionais de saúde, de modo geral, desconhecem esse mal-estar que habita a criança no seu processo de crescimento, quando figuras atuais não dão mais conta das intensidades que, produzidas no corpo, procuram novas figuras. Com freqüência, norteiam-se exclusivamente pela dimensão formal, valorizam formas estabelecidas como aquilo que é adequado para a idade, para o estágio de desenvolvimento, negligenciando outras formas que veiculam as diferenças que pedem passagem.

Tradicionalmente, a clínica dos *psis* com crianças com doença orgânica assistidas nos hospitais gerais focaliza sua produção procurando nos sintomas alteração na dinâmica psíquica do paciente e/ou de sua família. Procuram formas clínicas para lidar com a patologia psíquica enquanto biográfica, o psíquico como composto de representação que, ao falhar, expressa-se no corpo somático, aquele que resta adoecido.

Ao me propor incursionar pela arte, não a quero como mais uma "técnica a ser aplicada". Busco criar intercessões, por meio de modos pouco explorados, que desestabilizem as fronteiras dos especialismos — e, aqui, destaco o especialismo *psi* que mantém fora de seus domínios tudo o que não se enquadre como seu "objeto específico" de investigação.

Sobre os corpos orgânicos adoecidos os especialistas, com suas impermeabilidades territoriais, deixam o tempo todo, justamente, esses "corpos em *off* ".

SITUAÇÃO CLÍNICA 5

"Os Irmãos Metralha"

Alguns anos atrás, o responsável pelo Setor do Fígado[1] me encaminhou um paciente, Nilton, que sofria de glicogenose.[2] O primeiro contato se deu num grupo de pais e crianças que procuravam o atendimento psicológico pela primeira vez. Nesse primeiro momento os pais se apresentam, apresentam a criança e o motivo pelo qual chegaram à psicóloga. As crianças entram na sala e são estimuladas a participar da conversa, se quiserem. Deixo material gráfico, livros e alguns brinquedos à mão para elas.

O comentário do médico especialista e dos estagiários que endossaram o encaminhamento foi de que Nilton e o irmão[3], que também sofria da mesma doença, eram conhecidos como "Os Irmãos Metralha", pois quando Nilton e Nelton chegavam ao ambulatório o "detonavam"; gritavam, bagunçavam os brinquedos, brigavam entre si e não

---

1. O Setor do Fígado pertence à disciplina de Gastropediatria e nele são atendidas todas as crianças que sofrem de doenças do fígado.
2. A glicogenose é uma doença de armazenamento de glicogênio no fígado.
3. Há um outro irmão, Tiago, de 4 anos, que é também portador da doença; provavelmente devido ao fato de a doença ter sido diagnosticada precocemente, ele não apresenta nenhum distúrbio secundário, neurológico, como os irmãos.

obedeciam aos pais. Decidiram encaminhar o Nilton, porque era o mais "problemático" e tinha um considerável atraso "psiconeuromotor"; os pais, inclusive, haviam solicitado o acompanhamento de uma psicóloga.

O pai de Nilton, no grupo, estava bastante queixoso de seu filho e desanimado. "Ele não vai bem na escola", "Não aprende", "Não lembra de nada", "É agressivo com os irmãos", eram algumas das frases por ele pronunciadas. Nilton, junto com outras crianças, havia pegado algumas folhas de papel, lápis de cor, e começado a desenhar, deitado no chão. Verifiquei que ele tinha uma deficiência no braço esquerdo, a mão se recolhia para dentro, não podendo ser utilizada. Nilton, porém, usava o pulso para segurar a folha no lugar, e percebi que ele se virava muito bem, podendo desenhar e se movimentar autonomamente. Quando perguntei ao pai a idade do filho, ele informou errado e Nilton o corrigiu (Nilton tinha 12 anos naquela época); também corrigiu o pai quanto à data do seu nascimento. Ele estava extremamente ligado na conversa e sabia sobre si, lembrava de coisas que o pai esquecera.

No final da sessão, enquanto as pessoas se levantavam para sair, o pai me mostrou uma carta escrita por uma psicóloga que continha um laudo acerca de Nilton. Segundo a psicóloga, o menino tinha "deficiência mental", um QI abaixo da média, devendo portanto freqüentar uma classe especial. Essa carta era utilizada também pelos pais para obter uma carteirinha de "deficiente mental" e assim não ter de pagar a tarifa de transporte. Mais tarde, soube que não somente o Nilton podia viajar de graça, mas toda a família desfrutava dessa vantagem. A carteirinha havia vencido e precisavam de uma nova carta para renová-la. Enquanto Nilton pudesse ser classificado como deficiente mental, todos se beneficiavam.

Nilton e seus pais continuariam a ser atendidos por uma outra psicóloga, que acompanhava os pacientes do Setor do Fígado. Quando conversei com minha colega a respeito dessa família, achamos que seria um caso interessante para levar à reunião multidisciplinar com o intuito de mostrar aos médicos o lugar que Nilton e sua doença ocupavam na família, e como era importante isso ser trabalhado por ela. Nilton tinha um potencial que ninguém percebia: havia sido colocado no lugar daquele que não aprende, do aparentemente inútil, mas necessário para toda a família; o pai estava desempregado havia alguns meses e o dinheiro que seria dispendido no transporte para o hospital podia ser economizado. Eram aspectos que em geral não são notados pelos médicos.

Rossanna, minha colega, fez um levantamento de todo o tratamento ao longo dos anos. Teve bastante dificuldade de colher os dados, pois quando procurou o prontuário de Nilton havia muitas falhas na história: consultas não registradas, não constava o parecer do neurologista, apesar de sabermos que durante um longo tempo ele havia feito um acompanhamento com esse especialista e havia tomado Gardenal (esse medicamento havia sido suspenso e ninguém sabia por quê). Percebemos que muitas das falhas nas informações se deviam ao fato de que, quando Nilton comparecia à consulta médica na Gastropediatria, o fazia junto com seus irmãos, que também eram portadores de glicogenose. Freqüentemente, uma consulta era registrada num dos prontuários, mas não no outro.

A história foi traçada analisando-se os três prontuários. Nilton e Nelton, tanto para os pais quanto para a equipe médica, pareciam, "intercambiáveis". Não apresentavam uma história própria, singular, não se diferenciavam um do outro. Muitas vezes, quando solicitávamos a presença de Nilton no Setor de Psicogastro, a mãe trazia o Nelton, dizendo que ele também precisava. A diferença de idade entre eles era de dois para três anos.

Achamos que traçar a trajetória dos tratamentos era uma "intervenção" clínica importante para toda a equipe, com o intuito de diferenciar cada um dos pacientes, reconhecer neles seus potenciais singulares e suas limitações, e pensar conjuntamente em outras estratégias de intervenção.

Gostaria de chamar a atenção para o fato de que os pacientes portadores de doenças metabólicas, como a glicogenose, e que apresentam um componente neurológico, são vistos pela equipe médica como possuindo um prognóstico ruim. A deficiência metabólica ocasiona algumas incapacidades psiconeuromotoras, tomadas de forma pouco animadora no sentido de "não há nada que se possa fazer com estes pacientes", a não ser a manutenção da vida ou uma melhora na qualidade de vida, orientando a mãe sobre as limitações, necessidades específicas, dietas, etc. Muitos pacientes morrem antes de chegar à fase adulta.

Fui convidada a participar da criação de uma equipe multidisciplinar para acompanhar esses pacientes[4], e, ao nos reunirmos, constatamos que a equipe médica sabia muito pouco a respeito deles. Desconheciam a etiologia da deficiência no braço de Nilton; esta podia ser atribuída à evolução da doença, ou, como os pais mencionaram, a uma queda do berço quando era pequeno. Nenhum contato havia sido feito com a neurologia.

Decidimos apresentar este caso na reunião multidisciplinar do departamento, quando se discutiam assuntos de interesse de toda a equipe, tanto sobre a evolução dos pacientes quanto sobre assuntos administrativos do ambulatório.

---

4. Sugeri no início que deveria participar das discussões de caso da equipe, já que não conhecia bem essas doenças. Nessas reuniões, as perguntas levantadas pela psicóloga que representou o setor visavam abrir o espectro da visão puramente orgânica. À medida que passava o tempo, começaram a aparecer pedidos de aplicação de testes de QI nos pacientes, com o intuito de publicar os resultados das atividades dessa equipe multidisciplinar numa revista americana. Quando questionamos a validade e a razão da realização desses testes e sugerimos que poderíamos contribuir de outra maneira, disseram-nos que eram necessários os resultados do teste de QI, pois todas as publicações internacionais apresentavam esses dados. Solicitaram uma outra psicóloga para efetuar essa aplicação.

Nessa reunião, fomos surpreendidas pela reação dos médicos à nossa análise do pedido dos pais para a elaboração de uma nova carta apresentando o laudo sobre Nilton. Os médicos "pularam" de raiva, ficaram furiosos; não entendiam como poderia ser "negada" essa carta. Gostaria de ressaltar que não havíamos colocado a questão dessa forma. Achávamos importante analisar o pedido dos pais, com o intuito de desfazer o estigma de Nilton, que era tido como "deficiente mental"; desmanchando esse lugar cristalizado, poderiam surgir outros recursos ou estratégias para que sua família pudesse continuar vindo ao ambulatório. Perguntaram-nos o que aconteceria com o tratamento se não lhe fosse dado continuidade. Criticaram-nos por estarmos olhando um "aspecto emocional" mas "negligenciando a sobrevivência", isto é, se eles não dessem continuidade ao tratamento, por falta de recursos financeiros, as crianças correriam risco de vida.

A sensação que tive no fim da reunião foi de um nocaute, como se tivesse levado um monte de pancadas. Aos poucos, conversando com Rossanna, constatamos a grande ambivalência da equipe: por um lado, nos pediam um trabalho multidisciplinar, trazendo "outros aspectos não-orgânicos da doença"; por outro, esperavam que funcionássemos como um "apêndice" deles, confirmando sempre seu trabalho, seu saber-poder. Mostrar outros aspectos da vida daquela família, do "adoecimento daquelas crianças", buscar outras alternativas que desmanchassem os lugares marcados, era impensável.

SITUAÇÃO CLÍNICA 6

Os brinquedos do *playground*

Quando, em 1996, me designaram responsável pela "humanização" do novo ambulatório, como mencionei na Situação Clínica 4, além dos brinquedos na sala de espera, solicitei aparelhos para montar um *playground* externo. Estes levaram algum tempo para chegar, e acabaram sendo instalados após a colocação da cesta de brinquedos na sala de espera.

Essa lista de brinquedos fazia parte de uma lista mais ampla de materiais necessários para o funcionamento do ambulatório. Cada profissional responsável por uma área confeccionou uma lista. A lista de brinquedos incluía um balanço, um escorregador, uma ou duas gangorras e uma caixa coberta de areia. Os brinquedos escolhidos levavam em conta as necessidades psicomotoras da criança, a segurança e os interesses da faixa etária. Além dos brinquedos, solicitei cadeiras para a realização de sessões de grupo, estantes para guardar material na sala, entre outros itens.

O chefe da disciplina concordou, e finalmente a lista chegou às mãos da secretária da área administrativa, para ser datilografada e enviada ao setor de compras.

Uma manhã, enquanto estava conversando com o chefe da disciplina, a secretária aproximou-se e disse que precisava conversar com ele. Eu me afastei, pois percebi que era um assunto reservado. Logo depois, o chefe disse: "Vamos perguntar à Cris." Indagou se a caixa de areia era necessária para as crianças. A secretária, nesse momento, interferiu e disse: "Sabe, Cris, as crianças vão se sujar com areia e carregar tudo para dentro, inclusive para os consultórios." Pensei um momento, mas estava tonta, pois não entendia qual era a preocupação dessa secretária, que não trabalhava no ambulatório — mas era a mesma que havia colocado os cartazes que avisavam peremptoriamente como os pacientes deviam se comportar na sala. Respondi que era muito necessário e que, dentro das opções que tínhamos e das condições físicas, a caixa de areia era um dos brinquedos mais adequados. Meu chefe então endossou a minha solicitação.

No dia seguinte quis ver a lista, mas não estava pronta. Informei-me junto à chefia: a secretária havia solicitado novamente a exclusão da caixa de areia, mas ele insistiu que deveria ficar. Posteriormente, ela sugeriu ao chefe do departamento que assinasse a lista antes de confeccioná-la, já que ele ia viajar e não ficaria pronta a tempo. Ele não concordou. Durante essa conversa, questionou por que eu havia solicitado tantas cadeiras para a minha sala; achava que não caberiam quinze cadeiras nela. Fiquei surpresa e respondi que esse não era o número que eu havia calculado: solicitara somente dez. Apontei-lhe o fato de que a lista estava sendo deturpada. Confirmei mais tarde que a enfermeira do ambulatório havia solicitado cinco cadeiras a mais, colocando-as na minha lista.

A intenção ao relatar esse episódio foi mostrar as várias interferências que ocorrem no hospital, vindas de setores que aparentemente não teriam um interesse direto no assunto. A assistência à criança é atravessada pelos interesses dos mais variados grupos. E a saúde do paciente, interessa a quem?

BIBLIOGRAFIA

ARIÈS, P. *História social da criança e da família*. Rio de Janeiro: Guanabara Koogan, 1981.

ASSOUN, P. *Metapsicologia freudiana — uma introdução*. Rio de Janeiro: Jorge Zahar, 1996.

BARRÁN, J. P.-L. *Medicina y sociedad en el Uruguay del Novecientos. La Invención del cuerpo*. v. 3. Montevideo: Ediciones la Banda Oriental, 1995.

BÉKEI, M. *Trastornos psicosomáticos en la niñez y la adolescencia*. Buenos Aires: Ediciones Nueva Visión, 1984.

_____ (Org.). *Lecturas de lo psicosomático*. Buenos Aires: Lugar Editorial, 1991.

BEZERRA, B. Jr. *Corpo, metáfora e a construção subjetiva*. Rio de Janeiro, s.d. (Mimeo.)

BRUN, D. *L'énfant donné pour mort. Les enjeux psychiques de la guerison*. Paris: Dunod, 1989.

CAMON V. A. A. (org.). *E a psicologia entrou no hospital*. São Paulo: Pioneira, 1996.

_____. *Psicologia hospitalar*. São Paulo: Traço Editora, 1984.

CAMPOS, T. C. *O psicólogo em hospitais: Aspectos de sua atuação em hospital geral* 1998. Tese de doutorado — PUC, São Paulo.

CASTIEL, L. D. *O buraco da avestruz: a singularidade do adoecer humano*. São Paulo: Papirus, 1994.

CLAVREUL, J. *El orden médico*. Barcelona: Argot, 1978. [Ed. bras.: *Ordem médica*. São Paulo: Brasiliense, 1983].

COIMBRA, C. M. B. A divisão social do trabalho e os especialismos técnico-científicos. *Revista de Psicologia da UFF*, Niterói: ano II, n. 2, p. 3-7, 1990.

COSTA, J. F. *Ordem médica e norma familiar*. 2. ed. Rio de Janeiro: Graal, 1983.

DAMÁSIO, A. R. *O erro de Descartes. Emoção, razão e o cérebro humano*. São Paulo: Companhia das Letras, 1996.

DEBRAY, R. *Bebês/mães em revolta*. Porto Alegre: Artmed, 1988.

DEJOURS, C. Doctrine et théorie en psychossomatique. *Revue Française de Psychossomatique*. Paris: 1995.

DELEUZE, G. *Crítica e clínica*. São Paulo: Editora 34, 1997.

DOLTO, F. *A imagem inconsciente do corpo*. São Paulo: Perspectiva, 1984.

DONZELOT, J. *A polícia das famílias*. Rio de Janeiro: Graal, 1986.

DORNENBURG, A.; PAGE, K. *Culinary Artistry*. New York: John Wiley & Sons, 1996.

FÉDIDA, P. L'anatomie dans la Psychanalyse. *Nouvelle Revue de Psychanalyse*, Paris, n. 3, 1971.

FERRAZ, F. C. Das neuroses atuais à psicossomática. *Revista Percurso*, São Paulo, ano VIII, n.16, 1996.

FERREIRA, L. H. *Do mal-estar à construção de novos modos de aprender: Uma intervenção esquizo-analítica na escola*. 1996. Texto-proposta para dissertação de mestrado do Programa de Pós-Graduação em Psicologia Clínica, Pontifícia Universidade Católica, São Paulo. (Mimeo.)

FOUCAULT, M. *Vigiar e punir*. Petrópolis: Vozes, 1977.

_____. *Microfísica do poder*. Rio de Janeiro: Graal, 1979.

_____. *História da sexualidade I: A vontade de saber*. Rio de Janeiro: Graal, 1993.

FRAYZE-PEREIRA, J. Psicologia e fotografia: revelações. *Saúde e Loucura 2*, São Paulo: Hucitec, p. 121-31, 1988.

_____. Um percurso entre a arte e a clínica. *Revista Percurso*, São Paulo, n. 17, p. 128-9, 1996.

FREUD, S. *Obras completas*. Edição Standard Brasileira. Rio de Janeiro: Imago, 1969. v. XVI (1916-1917).

GANTHERET, F. Remarques sur la place et le statut du corps en psychanalyse. *Nouvelle Revue de Psychanalyse*, Paris, n. 3, 1971. [Ed. bras.: *Eu e os outros*. Petrópolis: Vozes, 1986].

LAING, R. D. *Self and Others*. Londres: Pelican Books, 1977.

LAMOSA, B. W. R. *O psicólogo clínico no hospital: contribuição para o desenvolvimento da profissão no Brasil*. 1987. Tese de doutorado — PUC, São Paulo.

LAPASSADE, G. *El analizador y el analista*. Barcelona: Gedisa, 1979.

LAPLANCHE, J.; PONTALIS, J. B. *Vocabulário de psicanálise*. 3. ed. São Paulo: Martins Fontes, 1977.

LAZLO, A. A. *Doenças do corpo e doenças da alma: investigação psicossomática psicanalítica*. São Paulo: Escuta, 1996.

LIBERMAN, D. (org.). *Del cuerpo al símbolo*. Buenos Aires: Kargieman, 1982.

MACIEL, I. *Escola Para que te quero?* Texto-proposta de pesquisa enviado à Fundação Abrinc. Rio de Janeiro, 1995. (Mimeo.)

MARTINS, L. A. N. Interconsulta psiquiátrica.

_____. Consultoria psiquiátrica e psicológica no Hospital Geral: a experiência do Hospital São Paulo. *Revista ABP-APAL 11*, (4), p. 160-4, 1989.

MATTOS, P. *O psicólogo na psicossomática*. Comunicação apresentada no 7º Congresso de Psicossomática. Belo Horizonte, 1990.

MORA, M. C. S. *Assistência psicológica às crianças portadoras de leucemia e linfoma*. Trabalho apresentado no III Congresso de Oncologia Pediátrica. Salvador, 1985.

MORA, M. C. S. et al. Programa mãe-participante. Experiência de 1 ano de implantação no Hospital Humberto I (HUI). *Revista Paulista de Pediatria*, 9, (32), p. 14-21, 1991.

MUYLAERT, M. A. *Corpoafecto — O psicólogo no hospital geral*. São Paulo: Escuta, 1995.

NEDER, M. O psicólogo no hospital. *Revista de Psicologia Hospitalar*, ano 1, n. 1, FMUSP, 1991.

NEVES, C. A. B. Teorias e práticas psicológicas em instituições públicas. *Cadernos da Subjetividade*, ano 1, n.1, São Paulo, 1996.

PASSOS, E. & BENEVIDES, R. *Transdisciplinaridade e clínica*. Rio de Janeiro, 1997. (Mimeo.)

PICCOLO, E. G. de *Indicadores psicopatologicos en técnicas proyectv*. Buenos Aires: Ediciones Nueva Visión, 1984. [Ed. bras.: *Indicadores psicopatológicos em técnicas projetivas*. São Paulo: Casa do Psicólogo, 1996].

RAIMBAULT, G. *As conseqüências psicológicas das doenças e das deficiências* (s.d.). (Mimeo.)

RAUTER, M. C. *Clínica do esquecimento*. 1998. Tese de doutorado — PUC. São Paulo.

RODRIGUES, H. B. C.; LEITÃO, M. B. S.; BARROS, R. D. B. (org.). *Grupos e instituições em análise*. Rio de Janeiro: Rosa dos Tempos, 1992.

ROLNIK, S. Subjetividade, ética e cultura. *Cadernos de Subjetividade*, São Paulo, v. 3, n. 2. p. 305-14, 1995.

_____. Lygia Clark e o híbrido arte/clínica. *Revista Percurso*, São Paulo, n. 16, p. 44-8, 1996.

SACKS, O. *O homem que confundiu sua mulher com um chapéu*. São Paulo: Companhia das Letras, 1997.

_____. *Awakenings*. Londres: Picador, 1990.

_____. *Um antropólogo em Marte*. São Paulo: Companhia das Letras, 1995.

_____. *The Island of the Colour-blind*. Londres: Picador, 1996.

SANT'ANNA, D. B. (org). *Políticas do corpo*. São Paulo: Estação Liberdade, 1995.

SANTA-CRUZ, M. A. A clínica e seus efeitos na subjetividade. *Subjetividades Contemporâneas* São Paulo, ano 1, n. 1, p. 43-9, 1997.

SARTÍ, P. Il ruolo della madre nell'Ospedale Pediátrico. In: CAMON, V. A. A. (org). *Psicologia Hospitalar*. São Paulo: Traço Editora, 1984.

SCHILLER, P. *O médico, a doença e o inconsciente*. Rio de Janeiro: Revinter, 1991.

SOUSA, P. R. *Os sentidos do sintoma: psicanálise e gastroenterologia*. São Paulo: Papirus, 1992.

SOUZA LUCCI, M. L. A elaboração e implantação de um projeto de atendimento de saúde mental em hospitais municipais na cidade de

São Paulo. Relato de uma experiência. In: CAMON, V. A.A. (org.). *Psicologia Hospitalar*. São Paulo: Traço Editora, 1984.

SPITZ, R. *O primeiro ano de vida*. São Paulo: Martins Fontes, 1979.

TEBBI, C. K.; PETRILLI, A.S.; RICHARDS, M. E. Adjustment to amputation among adolescent oncology patients. *Am. J. Pediatr. Hematol. Oncol.* 1989. Fall, 11 (3): 276-280.

TOURINHO, M. L. *O que pode um analista no hospital*. 1994. Dissertação de mestrado — PUC. São Paulo.

ULANOVSKY, C. "El espíritu de la escalera". *La Nación*, Buenos Aires, 18 jan. 1998, p. 62.

WINNICOTT, D. W. *Therapeutic Consultations in Child Psychiatry*. Londres: The Hogarth Press, 1971.

ZASLAVSKY, C. *Africa Counts*, Boston: P. Weber and Schmidt, 1973.

ESTE LIVRO FOI COMPOSTO EM TIMES NEW ROMAN
CORPO 11 POR 13 E FUTURA 10 POR 13 E IMPRESSO
SOBRE PAPEL CHAMOIS BULK DUNAS 80 g/m² NAS
OFICINAS DA BARTIRA GRÁFICA, EM SÃO BERNARDO
DO CAMPO, EM AGOSTO DE 2003